LE FLAMBEAU

DES

CRÉANCIERS ET DÉBITEURS

ET DES PROPRIÉTAIRES ET LOCATAIRES

Les exemplaires ont été déposés à la Direction de la Librairie ,
conformément à la Loi.

IMPRIMERIE DE GUIRAUDET,
RUE SAINT-HONORÉ, N° 315.

LE FLAMBEAU

DES

CRÉANCIERS ET DÉBITEURS

CIVILS ET COMMERCIAUX,

ET DES PROPRIÉTAIRES ET LOCATAIRES,

OU

INSTRUCTION ET MODÈLES

POUR LA RÉDACTION DES BILLETS SIMPLES, LETTRES DE CHANGE, BILLETS
A ORDRE, MANDATS, BILLETS AU PORTEUR, BAUX, CONGÉS, ETC.

Par M. Launay.

···

Prix : 3 francs 50 centimes.

···

A PARIS,

CHEZ HAUTECOEUR-MARTINET, LIBRAIRE,
RUE DU COQ-SAINT-HONORÉ, N° 13 ET 15.

1825.

PRÉFACE.

Rien ne se rencontre plus fréquemment, dans la société, que l'occasion de créer des Lettres ou Billets, soit simples, soit à ordre, pour valeurs reçues, à payer, parce que les relations d'intérêt qui existent continuellement entre les hommes de toutes les conditions engendrent sans cesse des obligations qu'il est nécessaire de constater par écrit.

Beaucoup de personnes rédigent des Billets simples, des Lettres de change et des Billets à ordre, sans connaître toutes les règles qu'il faut observer pour opérer légalement : elles omettent donc souvent des énonciations qui ne seraient pas négligées si elles leur étaient familières, parce qu'elles en comprendraient l'utilité.

C'est au Créancier qu'il importe essentiellement d'examiner si l'écrit qu'on lui offre pour titre de créance contient tous les élémens constitutifs des sûretés qu'il a voulu obtenir du Débiteur, et de ne recevoir ce titre que revêtu des formes légales, afin qu'au jour fixé pour le paiement, il n'ait pas à craindre les difficultés qu'on pourrait élever sur sa régularité.

Nous nous proposons d'établir les principes et d'offrir les Formules pour la rédaction des divers Papiers de portefeuille, d'après la Législation et la Jurisprudence.

Il nous a semblé utile d'exposer, dans la fin de cet ouvrage, des Règles nouvelles sur les Locations, si fréquentes dans les grandes villes, et notamment à Paris. Ces règles sont faciles à mettre en pratique; on peut les appliquer avec célérité. Nos lecteurs reconnaîtront aisément qu'elles présentent des garanties que ne peuvent comporter celles que l'usage a établies. Nous nous sommes aussi occupé des congés.

La bienveillance avec laquelle notre INSTRUCTION *sur les Billets simples et à ordre* a été accueillie nous fait espérer que cet ouvrage, dont elle n'est qu'une faible esquisse, aura le même avantage.

LE FLAMBEAU

DES

CRÉANCIERS ET DÉBITEURS

CIVILS ET COMMERCIAUX,

ET DES PROPRIÉTAIRES ET LOCATAIRES.

CHAPITRE PRÉLIMINAIRE.

Du Timbre et de l'Enregistrement des Billets ou Effets négociables ou non négociables.

SECTION PREMIÈRE.

Du Timbre.

1. Les Billets ou Effets négociables ou non sont-ils sujets au timbre? Oui, tous y sont sujets indistinctement, et doivent en conséquence être écrits sur papier timbré, sous peine d'amende.

2. Quel est le droit de timbre pour les Billets ou Effets, soit simples, soit à ordre? D'abord, le droit de timbre est absolument le même pour tous les Billets ou Effets, quelle que soit leur forme. Pour ceux d'une somme de 500 fr. et au-dessous, le papier au timbre de 35 cent. suffit. Si le Billet ou Effet est de 500 fr. à 1,000 fr., il faut du papier à 70 cent.; de 1,000 fr. à 2,000 fr., le papier doit être à 1 fr. 40 cent.; de 2,000 fr. à 3,000 fr., il doit être de 2 fr. 10 cent.; et ainsi en augmentant de 70 cent par 1,000 fr. ou fraction de 1,000 fr.

3. Les 2°, 3°, 4° exemplaires, etc., des Lettres de change, sont-ils sujets au timbre? Non; cependant, dans le cas de pro-

tèt fait en vertu de l'un de ces exemplaires subséquens, non écrit sur papier timbré, il y aurait lieu au droit de timbre et à l'amende, lors de l'enregistrement du protêt, si le premier exemplaire de la lettre, écrit sur papier timbré, n'était présenté au receveur en même temps que le protêt. Dans tous les cas, il n'y aurait pas d'amende encourue personnellement par l'officier ministériel.

4. Quelle est l'amende encourue pour les Billets ou Effets écrits sur papier non timbré? Pour ceux de 100 fr. et au-dessous, 5 fr.; et pour ceux au-dessus de 100 fr., l'amende est du 20° du montant du Billet ou Effet. Ainsi, s'il était de 800 fr., l'amende serait de 40 fr.; de 3,000 fr., l'amende serait de 150 fr.

5. Quelle serait l'amende encourue pour les Billets ou Effets qui seraient écrits sur papier d'un timbre inférieur à celui qui aurait dû être employé? Elle serait du 20° de la somme excédant celle qui aurait pu être exprimée sans contravention sur le papier employé, mais sans qu'elle puisse, dans aucun cas, être inférieure à 5 fr. Pour un Billet ou Effet de 500 fr. à 600 fr., écrit sur un papier de 35 cent., il y aurait amende de 5 fr.; s'il était de 650 fr., il y aurait amende de 7 fr. 50 cent.; s'il était de 900 fr., l'amende serait de 40 fr., s'il était de 2,500 fr., l'amende serait de 100 fr.; et ainsi toujours du 20° de la somme excédant 500 fr.

6. Si, au lieu de papier au timbre proportionnel, qu'on appelle *de commerce*, et qui est coupé par petites feuilles en long, on se servait de papier marqué ordinaire, c'est-à-dire au timbre de dimension, y aurait-il amende? Non, pourvu que le prix du timbre fût en rapport avec le montant du Billet ou de l'Effet. Si le prix du timbre était inférieur, il y aurait amende, laquelle serait réglée comme il est expliqué dans la réponse à la question précédente.

7. Peut-on, sans encourir l'amende du timbre, mettre en suite, en marge ou au dos des Billets ou Effets, des reçus; écrire une prorogation de délai, un cautionnement? Les prorogations de délai, reçus et acquits, peuvent être mis sur le

même papier que le Billet ou Effet, sans contravention. Il n'en est pas de même du cautionnement : l'inscription qui en serait faite en suite, en marge ou au dos du Billet ou Effet, ferait encourir une amende de 5 fr. Remarquez cependant que l'aval, qui n'est autre chose qu'un cautionnement écrit sur un Effet négociable, n'engendrerait pas d'amende.

8. Comment est-il suppléé au défaut ou à l'insuffisance du timbre des Billets ou Effets écrits sur papier libre ou d'un timbre inférieur? Par le VISA *pour valoir timbre* ou *supplément de timbre*, qu'on requiert d'un Receveur de l'enregistrement, qui perçoit le droit de timbre et l'amende, suivant les règles qu'on vient d'établir. Cette formalité doit précéder le protêt. Cependant, si les derniers instans du délai pour le protêt s'écoulaient, qu'il ne fût pas possible d'obtenir assez promptement le *visa*, nous pensons que l'Officier ministériel pourrait faire le protêt, mais qu'il devrait se faire consigner par le Porteur le montant des droits de timbre et amende à payer pour le *visa* à obtenir après le protêt, et en outre le montant de l'amende que cet Officier encourrait personnellement en instrumentant en vertu d'un acte non timbré ni *visé* pour timbre, laquelle amende serait de 20 fr. Des circonstances semblables se rencontrent rarement; d'ailleurs, lorsque la Lettre ou l'Effet n'est pas écrit sur papier timbré, le *retour sans frais* est toujours recommandé.

9. Doit-on continuer d'ajouter la subvention de guerre au montant des amendes? Oui : la loi sur ce supplément de droits, qui est d'un 10e en sus du droit principal, n'a pas été rapportée. Ainsi, lorsqu'on a encouru une amende de 5 fr., il est payé 5 fr. 50 cent.; si l'amende est de 40 fr., il est dû 44 fr.

SECTION II.

De l'Enregistrement.

10. Les Billets ou effets négociables ou non sont-ils soumis aux droits d'enregistrement? Oui.

11. Quels sont les droits d'enregistrement des Billets sim

ples ? Tous les Billets simples causés pour prêt, à valoir sur recettes de gestion, pour prix de travaux, sont soumis au droit de 1 pour 100 ; sur ceux causés pour prix de marchandises, on perçoit 2 pour 100. On ajoute toujours le 10ᵉ du droit pour subvention de guerre.

12. Quels sont les droits d'Enregistrement des Lettres de change et Billets à ordre ? Les droits d'Enregistrement des Lettres de change sont de 25 cent. par 100 fr., et ceux des Billets à ordre sont de 5o cent. par 100 fr., dans tous les cas, et sans avoir égard à la circonstance où ces Lettres et Billets seraient causés valeur en marchandises. Il faut ajouter de même le 10ᵉ pour subvention.

13. Y a-t-il un délai dans lequel les Billets ou Effets négociables ou non doivent être soumis à la formalité de l'Enregistrement ? Non ; mais il y a lieu à cette formalité 1° pour les Billets simples et les Billets à ordre qui n'ont pas été négociés, avant qu'il puisse en être fait usage, c'est-à-dire avant toute sommation ou assignation où ils seraient relatés ; 2° pour les Lettres de change, il suffit que l'Enregistrement ait lieu avant la demande en remboursement ou en cautionnement contre les endosseurs ou le tireur : ainsi le protêt, soit faute d'acceptation, soit faute de paiement, ne donne pas lieu à l'Enregistrement ; 3° pour les Billets à ordre dont le protêt a lieu, il suffit qu'ils soient enregistrés en même temps que l'original de l'exploit de protêt.

CHAPITRE PREMIER.

Des Billets simples.

SECTION PREMIÈRE.

Règles sur les Billets simples.

1. Qu'est-ce qu'un BILLET SIMPLE? Un Billet simple est un écrit contenant la reconnaissance d'une dette avec obligation de la payer, et qui n'est pas à ordre.

2. A quel âge peut-on valablement s'obliger par des Billets? A l'âge de 21 ans, qui est celui de la majorité pour les personnes des deux sexes.

3. Est-il nécessaire que le Billet soit écrit par le Débiteur lui-même? Non : il peut être valablement écrit par toute autre personne, et même par le Créancier; mais s'il n'est pas écrit par le Débiteur, il faut que celui-ci, outre sa signature, écrive de sa main un *Bon* ou *Approuvé* portant en *toutes lettres* le montant de la *somme due*. Cette formalité doit avoir lieu sous peine de nullité.

4. Il ne suffirait donc pas que le Débiteur qui n'aurait pas écrit le Billet en approuvât le contenu en mettant, outre sa signature : *Vu et Lu,* ou *J'approuve l'écriture ci-dessus?* Non, et c'est à tort que beaucoup de personnes admettent cette approbation comme suffisante, puisque, n'étant point celle consacrée par la loi, cette approbation ainsi conçue n'empêcherait pas que la nullité du Billet, étant invoquée, ne fût prononcée.

5. Si le Billet est écrit par l'un ou l'autre du mari ou de la femme, celui qui ne l'a pas écrit doit-il également mettre le

Bon ou *Approuvé* en toutes lettres ? Oui : la circonstance que les signataires du Billet sont unis par le mariage ne dispense pas celui des époux qui ne l'a pas écrit de mettre de sa main, sur le Billet, outre sa signature, le *Bon* ou *Approuvé*, portant en *toutes lettres la somme due*. La loi ne contient point d'exception pour ce cas.

6. Le *Bon* ou *Approuvé* en toutes lettres dont vous parlez, et auquel vous attachez tant d'importance, doit-il être indistinctement mis par toute personne qui n'a pas écrit le Billet de sa main ? Oui, excepté dans le cas où le Billet est souscrit par des Marchands, Artisans, Laboureurs, Vignerons, Gens de journées et de service.

7. La femme d'un Marchand est-elle, ainsi que son mari, dispensée du *Bon* ou de l'*Approuvé*, aux termes de l'exception établie à la question précédente ? La négative résulte des dispositions des Codes civil et de commerce, qui ont formellement établi que la femme d'un Commerçant ne doit pas être considérée comme participant à sa qualité de Marchand, bien qu'elle soit occupée habituellement à détailler les marchandises du commerce de son mari. En conséquence, il faut admettre que la femme d'un Commerçant est sujette au *Bon* ou *Approuvé* en *toutes lettres*, si elle n'a pas écrit le Billet, quoique son mari en soit dispensé.

8. Si la femme d'un Commerçant ou Non-Commerçant était Marchande publique ? Dans ce cas, il est hors de doute qu'elle serait dispensée du *Bon* ou *Approuvé*.

9. Les femmes des Artisans, Laboureurs, Vignerons, Gens de journées et de service, sont-elles assujetties au *Bon* ou *Approuvé*, bien que leurs maris en soient dispensés ? En principe, une exception ne peut être étendue hors du cercle tracé par le Législateur. La profession du mari n'est point censée être celle de la femme : en effet, si celle-ci participe en quelque chose à l'exercice de cette profession, ce n'est toujours qu'accidentellement et d'une manière très-secondaire. La destination ordinaire des femmes de la classe dont il s'agit ici est de donner leurs soins au ménage. Elles ne peuvent être rangées dans l'ex-

ception, puisque la Loi ne les indique pas. Nous pensons en conséquence qu'elles sont soumises au *Bon* ou *Approuvé.*

10. Un Propriétaire fait valoir un de ses domaines : dira-t-on qu'il doit être cependant considéré comme Propriétaire plutôt que comme Cultivateur ou Vigneron, et *vice versa ?* Sans doute, la qualité de cet individu peut présenter des difficultés dans sa détermination : dans ce cas, le plus sûr sera d'exiger le *Bon* ou *Approuvé* en toutes lettres. La réponse serait la même sur la difficulté qui pourrait se rencontrer de distinguer un Artiste d'un Artisan : dans le doute, il faudrait donc aussi exiger le *Bon* ou *Approuvé* en toutes lettres.

11. Le Propriétaire ou Rentier qui ne pourrait *tracer que les lettres de son nom* ne pourrait donc pas souscrire un Billet valable, encore qu'il le fît écrire par son Intendant ou par son Secrétaire ? Non : il faudrait qu'il eût recours au ministère des Notaires.

12. Un Juge, un Notaire, ou autre Magistrat ou Fonctionnaire public, pourrait-il se trouver offensé parce qu'on réclamerait de lui le *Bon* ou *Approuvé* sur un Billet qu'il consentirait et qu'il ferait écrire par son Clerc ou son Secrétaire ? Non, assurément : il n'est pas possible de supposer à un légiste une susceptibilité qui serait aussi déplacée. Si le caractère dont il est revêtu offre une première garantie de l'exécution fidèle de son engagement, il y a une raison pour exiger le *Bon* ou *Approuvé,* qui est au-dessus de toutes les considérations : la mort peut l'enlever. Quelle sécurité aurait alors le Créancier en présentant à des héritiers un titre de créance qu'ils seraient libres d'accueillir ou de faire annuler ? Quelle que soit la probité du Débiteur, sa considération, sa fortune, le Créancier commet donc une imprudence en n'exigeant pas la formalité du *Bon* ou de l'*Approuvé,* dans tous les cas où il doit avoir lieu.

13. Si la somme exprimée au *corps du Billet* était différente de celle exprimée au *Bon,* de laquelle des deux sommes serait l'obligation ? Elle serait présumée être de la somme moindre, à moins qu'il ne fût prouvé de quel côté est l'erreur. Par exem-

ple, si le corps du Billet portait la somme de 160 fr., pour 5 aunes de drap à 40 fr. l'aune, et que le *Bon* fût de 200 fr., le Billet portant en lui-même, par l'explication qu'il contient, la preuve que l'erreur est dans l'énoncé de la somme de 160 fr., puisque 5 fois 40 font 200, l'obligation serait de 200 fr. Si le prix du drap n'était pas indiqué, l'obligation ne serait que de 160 fr., malgré le *Bon* de 200 fr., sauf au vendeur à prouver, quand ce ne serait que par témoins, que le prix du drap était de 40 fr. l'aune. Si le *Bon* n'était que de 160 fr., pour que l'obligation fût de 200 fr., le vendeur serait tenu de prouver qu'il y a réellement eu 5 aunes de drap vendues à 40 fr. l'aune, malgré l'explication donnée par le Billet.

14. Le *Bon* ou *Approuvé* est-il nécessaire lorsqu'il s'agit non d'un billet, mais seulement d'une quittance, s'il elle n'était pas écrite par le créancier? Non : la simple signature suffit.

15. Comment une *femme mariée* peut-elle valablement sous-crire des Billets? Elle ne le peut qu'avec le concours de son mari à la souscription du Billet, ou avec son autorisation par écrit, à moins qu'elle ne soit *Marchande publique*, auquel cas elle pourrait, sans le concours ni l'autorisation de son mari, faire des Billets pour *raison de son commerce*, et ses engage-mens obligeraient même son mari, s'il y avait communauté entre eux. Mais il faut bien remarquer que la femme n'est con-sidérée comme Marchande publique que lorsqu'elle fait un com-merce séparé de celui de son mari, si lui-même est Commerçant. Il faut remarquer encore que la femme n'a pu s'établir Mar-chande publique qu'avec le consentement de son mari. Ce con-sentement peut s'inférer de ce que la femme fait un commerce à la connaissance du mari, et sans opposition de sa part.

16. Lorsqu'une femme souscrit un Billet conjointement avec son mari, est-il absolument nécessaire d'exprimer dans le Billet que le mari *autorise* sa femme? Cela était de rigueur autrefois; aujourd'hui l'autorisation a lieu de droit par le concours du mari dans l'acte. Cependant, on continue en général d'exprimer l'autorisation.

17. Est-il nécessaire d'indiquer la *cause* de l'obligation?

Oui : le défaut d'énonciation de la cause pourrait donner nais-
sance à des contestations, si le Débiteur était de mauvaise foi.
Ainsi il faut dire si le Billet a pour cause un prix de marchandises, un prêt, etc. Si le billet est causé pour prix de marchandises, il n'est pas nécessaire d'indiquer positivement ce qui
a été vendu, à moins qu'on ait quelque raison de faire cette
indication.

18. Lorsque *plusieurs débiteurs* d'une même somme souscri-
vent ensemble un Billet pour cette somme, sont-ils naturellement tenus, envers le Créancier, chacun au paiement de la
somme entière ? Non : ils n'en sont tenus que chacun pour sa
quote part. Pour qu'ils en fussent tenus chacun pour le tout, il
faudrait qu'ils se fussent obligés *solidairement* au paiement. En
droit, s'obliger solidairement, c'est de la part des Débiteurs s'engager au paiement de la dette, de manière que chacun puisse
être contraint pour la totalité, sauf son recours contre ses co-
obligés, chacun pour sa part. Presque toujours le Créancier
exige, quand il le peut, pour sa plus grande sûreté, que la
femme s'oblige solidairement avec son mari.

19. Que signifie cette disposition, qui s'emploie fréquemment dans les Billets, que la somme sera payée *toutes fois et
quantes ?* Ces mots, *toutes fois et quantes,* signifient que le
Créancier a droit d'exiger le montant du Billet à sa volonté.
Remarquez cependant que, s'il *s'agissait d'un prêt,* le Créancier ne serait pas fondé à exiger la restitution de la somme
prêtée immédiatement après l'emprunt, ou peu de jours après,
parce que, dit POTTIER, en la prêtant, le Créancier est censé
avoir accordé tacitement à l'Emprunteur un temps convenable
dans lequel il pourrait faire de l'argent pour la lui rendre. Il
faudrait raisonner de même quand le Billet exprimerait que la
somme a été prêtée précédemment à sa confection. Cette expression *toutes fois et quantes,* à laquelle nous croyons qu'il
est utile d'ajouter, pour plus de précision, *et sans nul délai,*
n'a donc d'effet rigoureux que lorsque la cause du Billet n'est
pas un prêt. Dans tous les cas, il vaut mieux fixer un délai
positif, ne fût-il que d'un jour, pour l'exigibilité de la somme
due.

20. Quel est le *taux légal de l'intérêt* de l'argent? Tout le monde sait qu'en matière civile, c'est-à-dire entre Non-Commerçans, l'intérêt ne peut excéder 5 pour 100, et qu'en matière commerciale, il ne peut excéder 6 pour 100.

21. La *stipulation d'intérêt* dans un Billet a-t-elle l'effet de le faire courir jusqu'au jour du remboursement, bien que ce remboursement n'ait lieu que postérieuremeut à l'échéance du terme? Non : il faut qu'il soit formellement stipulé que *l'intérêt continuera d'avoir cours jusqu'au jour du remboursement effectué*. Ainsi, supposons que le montant du Billet soit exigible le 1er mars 1826, et qu'il ne soit payé que postérieurement : en vertu de cette disposition, l'intérêt courra jusqu'au moment du remboursement, au lieu qu'il se fût arrêté au 1er mars, époque de l'exigibilité, parce qu'il n'aurait pas été stipulé pour un temps plus éloigné.

22. Est-il nécessaire de dire que *l'intérêt diminuera* à raison dès à-compte payés? Non : car l'intérêt, qui n'est qu'un accessoire, ne peut jamais survivre à la partie du principal acquittée. Il y a des personnes cependant qui veulent que cela soit dit.

23. Le Billet simple doit-il être *daté?* Oui : c'est une formalité qu'on ne doit pas omettre. Dans plusieurs circonstances elle peut avoir de l'importance : par exemple, elle sert à faire connaître si l'individu qui a souscrit le Billet était capable de s'obliger à l'époque de sa confection. Cependant, le défaut de date n'emporterait pas la nullité du Billet, car la loi n'impose point l'obligation de le dater. Si celui qui a donné le Billet non daté prétendait qu'il n'était pas capable de s'obliger lorsqu'il l'a souscrit, ce serait à lui à le prouver.

24. A quoi sert le *Bon* en chiffres qu'on met ordinairement à gauche, en marge d'un Billet? Ce *Bon* sert à faire voir d'un coup d'œil le montant du Billet : il n'a pas d'autre utilité.

25. Est-il nécessaire de faire ajouter par le Souscripteur du Billet, en suite de sa signature, *sa profession et sa demeure?* Cela n'est pas nécessaire à la régularité du Billet; mais cela est utile pour le Créancier lui-même, et plus encore à ses héritiers, s'ils avaient à faire le recouvrement du Billet.

26. Si, en rédigeant le Billet, on a *omis* un ou plusieurs *mots*, comment doit-on réparer cette omission? Le Billet étant écrit, on le lit attentivement pour vérifier sa rédaction. S'il s'y rencontre quelques mots oubliés, on les rétablit à leur place, non en les mettant en interligne, mais par le moyen d'un ou de plusieurs renvois. Le renvoi est marqué d'une croix ou autre figure à l'endroit de l'omission; une marque semblable est répétée à la marge du Billet (il ne faut pas omettre d'en laisser une d'environ trois doigts de largeur); et immédiatement en suite de cette marque, à la marge, on écrit les mots qu'on a omis, et le Débiteur approuve les mots du renvoi en mettant au-dessous ou sa signature, ou les premières lettres de ses prénoms et nom, ou seulement son paraphe, s'il a l'habitude d'en ajouter un à sa signature. Il ne serait pas régulier de placer le renvoi en suite du Billet, afin que la signature régît en même temps le corps du Billet et le renvoi.

27. Dans le cas où l'on a fait des *ratures* en rédigeant le Billet, comment doit-on les constater? Les mots rayés doivent être comptés, et en marge du Billet, en face de la date, il faut écrire : *Rayé* tant *de mots nuls*. Cette mention des mots rayés doit être approuvée par le Débiteur, comme il est dit à la question précédente pour les renvois.

28. Dans quelle *monnaie* le montant du Billet doit-il être acquitté? Les paiemens doivent s'effectuer en monnaies d'or ou d'argent; on ne peut y faire entrer de monnaie de *billon* que pour l'appoint de la pièce de 5 fr., sauf convention contraire : ainsi, un paiement de 100, 105, 110, 115 ou 120 fr., ne comporterait pas de monnaie de billon; un paiement de 112 fr. en prendrait pour 2 fr., un de 124 fr. 50 cent. en prendrait pour 4 fr. 50 cent. Nous entendons par monnaie de billon les pièces de 10, de 5 et de 1 cent., et les pièces de 6, de 2 et de 1 liard. Dans les paiemens en pièces d'argent, de 500 à 1,000 fr., le Débiteur doit fournir le *sac* en bon état et la *ficelle*, et il est autorisé à retenir 15 cent. sur la somme formant l'objet du paiement, si mieux n'aime, le Créancier, les lui remettre de sa poche : c'est ce qu'on appelle *passe de sac*. Que le paiement soit de 1,000 fr. ou au-dessous, sans toutefois être inférieur à

5oo fr. , pour qu'il y ait lieu à la passe de sac, le sac doit être de grandeur à contenir 1,ooo fr. Malgré la faveur dont les *Billets de banque* sont justement environnés, le Débiteur ne peut en employer en paiement contre la volonté du Créancier. Les Billets de banque sont une monnaie purement de confiance.

29. Lorsqu'un Billet est acquitté, la *remise* que le Créancier en fait au Débiteur suffit-elle pour opérer sa *libération?* Oui, art. 1282 du Code Civil, portant : « La *remise volontaire* du titre original sous signature privée, par le Créancier au Débiteur, fait preuve de la libération. » Mais il est bien mieux de faire établir le solde du Billet par le Créancier, ce qui se fait ordinairement par ces mots, écrits en suite ou au dos du Billet : *Pour acquit,* signés du Créancier, que de s'en tenir à sa simple remise. Un créancier de mauvaise foi, ou ses héritiers, ne pourraient-ils pas prétendre que le billet leur a été soustrait frauduleusement, ou qu'ils l'ont perdu, et qu'en conséquence, il n'y a pas eu remise *remise volontaire?* Cette mauvaise contestation pourrait conduire le Débiteur à être obligé d'affirmer par serment que réellement le Billet lui a été *remis volontairement* par le Créancier et par suite de sa libération envers lui.

5o. S'il n'y a qu'un *paiement à compte ,* comment doit-il être constaté? La meilleure manière d'établir un paiement à valoir est d'en donner reçu par le Créancier au Débiteur. Si l'on préfère constater l'à-compte payé à la suite, en marge, ou au dos du Billet, c'est le *Créancier lui-même* qui doit y écrire l'à-compte ou les à-compte payés : c'est ce qui résulte de l'art 1532 du Code Civil, où on lit : L'écriture *mise par le Créancier* à la suite, en marge ou au dos d'un titre qui est toujours resté en sa possession, *fait foi,* quoique non signée ni datée par lui, lorsqu'elle tend à établir la libération du Débiteur. On peut inférer de cette disposition que, si l'écriture pour l'à-compte payé était faite par le débiteur, elle ne ferait *pas foi ,* et qu'en conséquence la libération que cette écriture tendrait à établir pourrait être contestée.

51. Après quel laps de temps le Débiteur peut-il invoquer

la *prescription* comme moyen de libération de l'obligation résultante du Billet ? Après 30 ans, à compter de l'époque de l'exigibilité de la créance pour le capital, et après 5 ans, à compter de chaque échéance d'années d'arrérages d'intérêt, à moins que ces prescriptions n'aient été interrompues par des poursuites, ou que celle pour la libération du capital n'ait été suspendue par la minorité ou l'interdiction du Créancier ou de ses successeurs. La minorité ou l'interdiction ne suspend pas le cours de la prescription à l'égard des intérêts.

32. A quel *tribunal* faut-il s'adresser pour obtenir un jugement de condamnation contre le Débiteur d'un Billet simple ? Si le Billet est de 100 fr. ou au-dessous, c'est au Tribunal de la Justice de Paix du domicile du Défendeur qu'il faut se pourvoir. Ce Tribunal est compétent pour prononcer en dernier ressort sur une demande de 50 fr. et au-dessous, et au-dessus de 50, jusqu'à 100 fr., sauf l'appel. Si le Billet est d'une somme excédant 100 fr., il faut se pourvoir encore devant le Juge de Paix, non en jugement, mais en conciliation, et de là au tribunal de première instance de l'arrondissement. S'il y a plusieurs Défendeurs, le Demandeur les cite devant le Juge ou le Tribunal du domicile de l'un d'eux. En cas de domicile élu au Billet, il peut assigner, s'il le préfère, au domicile d'élection. Si le Billet, quoique non négociable, était souscrit par un Commerçant, ou si, étant souscrit par un Non-Commerçant, il avait pour objet une opération de commerce, le demandeur pourrait se pourvoir directement au Tribunal de Commerce du domicile du Défendeur, ou, s'il s'agissait de marchandise vendue et livrée, au Tribunal de Commerce de l'arrondissement où le Billet a été donné et la marchandise livrée, pourvu que ces deux faits aient eu lieu dans le ressort du même Tribunal, ou au Tribunal de Commerce du ressort où le paiement devait être effectué, ou enfin au Tribunal de Commerce de l'arrondissement du domicile d'élection, s'il y a un domicile élu. Les Tribunaux de Commerce prononcent la contrainte par corps contre les Débiteurs qu'ils condamnent.

Nº Iᵉʳ. *MODÈLE de BILLET SIMPLE*, *écrit par le Débiteur lui-même.*

Je soussigné reconnais devoir bien légitimement à Mʳ A. la somme de *HUIT CENTS FRANCS*, pour prix de huit pièces de vin qu'il m'a vendues et livrées, laquelle somme je promets et m'oblige de lui payer toutes fois et quantes, et sans nul délai.

Fait à . . . . , le . . . . mil huit cent . . . .

B. P. 800 Francs.

Malouin,

Propʳᵉ à . . . . rue . . . . nº

REMARQUES. — 1º Si *Malouin*, Débiteur, que nous supposons Non-Marchand, ne payait pas, voyez la question nomb. 32.

2º Si *Malouin* était marchand de vin en gros ou en détail, aubergiste ou fabricant d'eau-de-vie, il pourrait être poursuivi devant le Tribunal de Commerce, encore que le Billet ne soit pas à ordre : il devrait, en conséquence, être passible de la contrainte par corps. C'est ce qui résulte de la loi du 15 germinal an 6 et du Code de Commerce. Il ne serait pas nécessaire, pour cela, que A., Créancier, fût commerçant. Voyez encore la question nomb. 32.

3º Lorsque le Billet n'indique pas le lieu où le paiement doit s'effectuer, il est payable au domicile du Débiteur. Art. 1247 du Code Civil.

N° 2. *Modèle de Billet écrit par un autre que le Débiteur, et portant intérêt.*

Je soussigné reconnais devoir bien légitimement à M. B. la somme de *MILLE FRANCS*, pour prêt de pareille somme qu'il m'a fait pour employer à mes affaires ; laquelle somme je promets et m'oblige de lui rendre et payer en sa demeure, dans trois mois, à compter de ce jour. Je m'oblige, en outre, de lui payer l'intérêt de ladite somme de mille francs, à raison de cinq pour cent par an, lequel intérêt courra jusqu'au jour du remboursement effectué.

Fait à . . . ., le . . . . mil huit cent . . . .

B. P. 1000 *Francs.*

Bon pour Mille Francs.

Martin.

à . . . . rue . . . . . n°

REMARQUE. — 1° Si *Martin* était commerçant, pourrait-il, à défaut de paiement, être poursuivi devant le Tribunal de Commerce ? Oui, bien qu'il ne s'agisse ici que d'un emprunt : il serait en conséquence passible de la contrainte par corps. *Art. 1er, n° 3, de la loi du 15 germinal an 6 ; art. 631 et 638 du Code de Commerce. Voyez la note n° 2, modèle n° 1er.*

2° Sur l'utilité d'exprimer que *l'intérêt courra jusqu'au jour du remboursement effectué*, comme à ce modèle, voyez la question nomb. 21.

N° 3. *Modèle* d'un *Billet* souscrit par le *Mari* et la *Femme*, *Débiteurs solidaires*. — *Le Billet est écrit par un tiers.*

Nous soussignés *Jacques* MARÉCHAL, sans profession, demeurant à Paris, rue . . . ., n° . . . ., et *Rose* NAY mon épouse, que j'autorise, reconnaissons devoir bien légitimement à M\.^r C. la somme de *SEIZE CENTS FRANCS*, pour ouvrage de menuiserie qu'il nous a fait et fourni jusqu'à ce jour; laquelle somme nous promettons et nous obligeons solidairement de lui payer en notre demeure, savoir: huit cents francs dans six mois à compter de ce jour, et les huit cents francs restans, dans un an, aussi à compter de ce jour. Nous nous obligeons en outre, et sous la même solidarité, de lui payer l'intérêt de ladite somme de seize cents francs, à raison de cinq pour cent par an, lequel courra jusqu'au jour du paiement effectué; mais il diminuera à raison de tout paiement fait et reçu à compte.

Fait à . . . ., le . . . . mil huit cent . . . .

Bon pour Seize cents Francs.

Maréchal.

Bon pour Seize cents Francs.

Rose Nay, femme Maréchal.

B. P. 1600 Francs.

N° 4. *MODÈLE d'un BILLET souscrit par une Femme séparée de biens d'avec son Mari. — Celui-ci l'autorise. — Le Billet est écrit par un tiers.*

JE soussignée *Marie* ROCHER, épouse séparée de biens de Mr *Joseph* THOMAS, et de lui autorisée, aussi soussigné, reconnais devoir bien légitimement à Mr D. la somme de *QUINZE CENTS FRANCS*, pour prêt de pareille somme qu'il m'a fait pour employer à mes affaires; laquelle somme je promets et m'oblige de lui rendre et payer en sa demeure, dans trois mois à compter du jour où ce Billet me sera présenté. Je m'oblige en outre de lui payer l'intérêt de cette somme, à raison de cinq pour cent par an, lequel courra jusqu'au jour du remboursement effectué.

Fait à . . . ., le . . . . mil huit cent . . . .

Pour Autorisation.

Thomas.

Bon pour Quinze cents Francs.

Marie Rocher.

à . . . . rue . . . . . n° . . .

B. P. 1500 Francs.

REMARQUES. — 1° Le mari, n'ayant donné ici que son autorisation à sa femme, n'est pas obligé envers le créancier.

2° La présentation du Billet sera constatée par ces mots, que la débitrice écrira en suite ou au dos du Billet : *Présenté le . . pour être acquitté dans le délai fixé*, et elle signera. Si la débitrice se refusait à constater ainsi la présentation du Billet, le créancier devrait la faire faire par le ministère d'un huissier.

3° En cas de poursuites, la femme ne pouvant ester en justice sans l'autorisation de son mari, il faudrait assigner celui-ci en même temps et séparément, à l'effet de l'assister et de l'autoriser.

N° 5. *MODÈLE d'un BILLET souscrit par les Héritiers du Debiteur. — Il est écrit par l'un d'eux. — Stipulation de l'intérêt de l'intérêt.*

Nous soussignés héritiers, chacun pour un tiers, de *Jean* ROGER, notre père, reconnaissons devoir bien légitimement à M' E. la somme de *NEUF MILLE FRANCS*, pour prix d'une voiture et de quatre chevaux qu'il avait vendus à feu notredit père; laquelle somme nous promettons et nous obligeons, chacun pour sa part, de payer et délivrer à mondit sieur E., à . . . ., le . . . . Nous nous obligeons également de payer l'intérêt de cette somme à raison de cinq pour cent par an, lequel courra jusqu'au remboursement effectué. En cas de retard dans le paiement annuel des intérêts, nous nous obligeons encore à payer l'intérêt de l'intérêt de chaque année, à compter de son échéance jusqu'à son acquittement.

Fait à . . . ., le . . . . mil huit cent . . . .

Bon pour Trois mille Francs.

J. Roger.

Avocat,'à . . .

L. Roger

Médecin, à . . .

Bon pour Trois mille Francs.

J. Roger.

Propre à . . .

REMARQUES. — 1° Les héritiers ne sont tenus des dettes du défunt que chacun pour sa part, et non solidairement. Si cependant les trois héritiers s'obligeaient solidairement, au lieu de ces mots, *chacun pour sa part*, il faudrait mettre *solidairement*, et il faudrait que chacun de LOUIS et JOSEPH mit le *Bon*, en toutes lettres, de neuf mille francs, au lieu de trois mille francs. JEAN ROGER ne met pas le *Bon*, parce qu'on suppose que c'est lui qui a écrit le Billet.

2° En cas de poursuites, appliquez la réponse à la question nomb. 32. Il faudrait l'appliquer, encore que quelques uns ou tous les souscripteurs du Billet fussent commerçans, étant prouvé par le Billet lui-même que la dette ne provient pas de négoce qui puisse être attribué à aucun d'eux.

3° On voit ici un exemple de la stipulation de l'intérêt de l'intérêt, autorisée par l'art. 1154 du Code Civil.

Nº 6. *Modèle d'un Billet contenant un cautionnement solidaire.* — *Il est écrit de la main du Débiteur.*

Nous soussignés *Louis* Renard et *Joseph* Rey reconnaissons devoir bien légitimement, savoir, moi Renard, comme principal obligé, et moi Rey, comme caution, à Mʳ F., la somme de *Deux mille Francs,* pour pareille somme qu'il a prêtée à moi Renard, pour employer à mes affaires; laquelle somme nous principal obligé et caution promettons et nous obligeons solidairement de rendre et payer à mondit sieur F., dans deux ans, à compter de ce jour, avec l'intérêt à raison de cinq pour cent par an, lequel courra jusqu'au jour du paiement.

Fait à . . . ., le . . . . mil huit cent . . . .

Bon pour Deux mille Francs.

J. Renard.

Rentier, a . . .

Rey.

Proprᵗᵉ, a . . .

Remarques. — 1º Si la caution ne voulait qu'être simple, et non pas solidaire, il n'y aurait à supprimer du modèle que le mot *solidairement.* La caution simple n'est obligée à payer qu'à défaut du débiteur, qui doit être préalablement poursuivi. La caution solidaire est obligée envers le créancier, de manière à pouvoir être poursuivie en même temps que le débiteur principal, ou même sans qu'il le soit du tout.

2' Si Renard était commerçant, il serait, ainsi que Rey, sa caution, justiciable des Tribunaux de Commerce; Renard, débiteur principal, serait, de plus, et de droit, sujet à la contrainte par corps, ainsi qu'il résulte de ce que nous avons dit à la remarque nᵒ 1ᵉʳ, en suite du modèle nᵒ 2; mais cette contrainte ne pourrait être prononcée contre Rey, caution, encore qu'il fût commerçant, parce qu'un cautionnement n'est pas un acte de commerce.

5' Pour que Rey fût soumis à la contrainte par corps, Renard étant supposé commerçant, en suite de ces mots, « nous obligeons solidairement » il faudrait ajouter : *et même de la part de moi caution par corps.* Sur quoi on peut voir l'art. 2060, nᵒ 5, du Code Civil.

Nº 7. MODELE d'un BILLET consenti par une Femme non mariée. — Il est écrit par elle-même.

Je soussignée reconnais devoir bien légitimement à Mr G. la somme de TROIS MILLE FRANCS, pour prêt de pareille somme qu'il m'a fait pour employer à mes affaires; laquelle somme je promets et m'oblige de lui rendre et payer dans un an, à compter de ce jour. Je m'oblige en outre de lui payer l'intérêt de cette somme, à raison de cinq pour cent par an, lequel courra jusqu'au jour de ma libération.

Fait à . . . ., le . . . . mil huit cent . . . .

Cécile Benoit.

REMARQUES. — 1º La majorité étant fixée à vingt et un ans pour les deux sexes, une Demoiselle parvenue à cet âge peut contracter toute espèce d'engagement. Nous supposons ici un emprunt, et nous observons en même temps que le créancier ayant une femme non mariée pour débitrice peut avoir des précautions à prendre pour ne pas éprouver de difficultés pour son remboursement. En voici la preuve :

2º L'article 1410 du Code Civil porte : « La communauté n'est tenue des dettes mobilières contractées avant le mariage par la femme « qu'autant qu'elles résultent d'un acte authentique antérieur au mariage, ou ayant reçu, avant la même époque, une date certaine , « soit par l'enregistrement, soit par le décès d'un ou de plusieurs signataires dudit acte. — Le créancier de la femme en vertu d'un acte « n'ayant pas de date certaine avant le mariage ne peut en poursuivre contre elle le paiement que sur la nue propriété de ses immeubles « personnels: — Le mari qui prétendrait avoir payé pour sa femme une dette de cette nature n'en peut demander la récompense ni à « sa femme ni à ses héritiers. »

3º Il résulte de ces dispositions que, si le créancier n'est pas à même d'être instruit du changement d'état de sa débitrice par un mariage qu'elle pourrait contracter, il doit sur-le-champ, s'il est prudent, soumettre le Billet à la formalité de l'enregistrement.

4º Il est sensible que ce que nous venons de dire s'applique aux dettes qui seraient contractées par une femme veuve qui viendrait à se remarier.

N° 8. *MODELE d'un BILLET à plusieurs termes.* — *Déchéance des termes.* — *Le billet est écrit par le Débiteur.*

JE soussigné . . . . *comme aux modèles précédens* . . . .; laquelle somme je promets et m'oblige de lui payer (*si ce n'est pas un prêt*), (OU) de lui rendre et payer (*si c'est un prêt*), savoir : *tant* le . . . ., *tant* le . . . ., et les *tant* restans le . . . . Je m'oblige également de lui payer l'intérêt . . . . *comme au modèle* N° 3. Dans le cas où je manquerais à l'un des termes de paiement ci-dessus fixés, je consens que, dès lors, ladite somme de . . . ., ou ce qui resterait dû de cette somme, ensemble les intérêts courus et échus, demeurent exigibles pour le tout, à compter du jour du terme échu et non acquitté : en conséquence je serai déchu de tout délai de paiement.

Fait à . . . ., le . . . .

Sorel.

REMARQUE. — 1° Des personnes prétendent que, si le Débiteur manque à l'un des termes de paiement, il est déchu *de droit* des subséquens, et que la somme entière devient exigible. C'est une erreur; la loi ne dit point cela : seulement le Créancier pourrait obtenir un jugement de condamnation pour toute la créance; mais s'il formait une demande en déchéance des termes non échus, le Tribunal, en statuant, aurait égard aux circonstances. Ainsi, pour être certain que la déchéance des termes aura lieu, à défaut d'avoir payé à l'échéance de celui expiré, il faut que le Billet en contienne une disposition.

2° Le modèle est rédigé d'abord dans l'hypothèse où la somme due proviendrait de prix de vente de marchandises, de prix de travaux, etc. : dans ce cas, on y exprime simplement l'obligation DE PAYER. La disjonctive OU en parenthèse présente après elle l'hypothèse d'un prêt d'argent : là on a exprimé l'obligation DE RENDRE *et payer*. Cette distinction de locution ressort de l'objet de l'obligation. Une double hypothèse semblable se rencontre encore dans quelques uns des modèles subséquens : on y voit de même la disjonctive OU en parenthèse.

N° 9. MODÈLE d'un BILLET souscrit par le Mari et la Femme. — Renonciation à anticiper le paiement. — Le Billet est écrit par un tiers.

Nous soussignés . . . . ; laquelle somme nous promettons et nous nous obligeons solidairement de lui payer (OU) de lui rendre et payer le . . . . Nous nous obligeons également de lui payer l'intérêt . . . . Nous renonçons à pouvoir anticiper le paiement (OU) la restitution de ladite somme de . . . .

Fait à . . . . , le . . . .

Bon pour . . . .

Cartier,

Marchand à . . . .

Cécile Rable, f^{me} Charlier.

REMARQUES. — 1° Quoiqu'un Marchand soit dispensé du *Bon* ou *Approuvé*, sa femme ne l'est pas ; la circonstance que le Billet serait écrit par le mari ne changerait rien à cette décision : c'est la jurisprudence de la Cour de cassation.

2° La libération étant favorable, si l'on veut que le Débiteur ne puisse payer avant le terme, il faut que le Billet en ait une disposition. Sur quoi l'on peut voir les art. 1187 et 1258, n° 4, du Code Civil.

3° Il est presque superflu de dire que les lacunes remplies par des points dans ce modèle et dans ceux qui vont suivre indiquent qu'il faut retourner aux modèles précédens pour remplir ces lacunes.

N° 10 MODÈLE d'un BILLET dont le montant n'est déclaré exigible qu'au décès du Débiteur. — Le Débiteur oblige un de ses héritiers au paiement. — Le Billet est écrit par le Débiteur.

JE soussigné ....; laquelle somme je promets et m'oblige, et j'oblige celui de mes héritiers qui sera l'aîné de mes enfans, à mon décès, de lui payer (OU) de lui rendre et payer le jour de l'ouverture de ma succession. Je m'oblige en outre, et j'oblige également celui de mes héritiers ci-dessus indiqué, de payer l'intérêt de ladite somme à raison de cinq pour cent par an, lequel courra jusqu'au jour où le paiement sera effectué. Il y aura recours, de la part de l'héritier que je charge de l'exécution de cette obligation, contre mes autres héritiers, afin qu'en définitive la dette soit supportée également entre mesdits héritiers. Si je ne laissais pas d'enfans, mes petits-enfans ou mes autres héritiers seraient tenus solidairement au paiement de ladite somme de .... et desdits intérêts, sauf recours, comme je viens de le dire.

Fait à ...., le ....

Abel.

(25)

REMARQUES. — 1° La disposition par laquelle le Débiteur oblige l'un de ses héritiers au paiement, sauf recours, a son principe dans l'art. 1221, n° 4, du Code Civil.

2° La disposition par laquelle il oblige, dans le cas prévu, tous ses héritiers solidairement, aussi sauf recours, se trouve autorisée par le même article, même numéro.

N° 11. *Modèle d'un Billet payable à terme.* — *Prévoyance du cas où le Débiteur décéderait avant l'échéance du terme.* — *Obligation solidaire à la charge des Héritiers.*

Je soussigné . . . . ; laquelle somme je m'oblige de lui payer (ou) de lui rendre et payer le . . . . Si, à cette époque, j'étais décédé, mes héritiers seraient obligés solidairement au remboursement de cette somme, sauf recours entre eux. Ladite somme de . . . . portera intérêt à raison de cinq pour cent par an, lequel courra jusqu'au moment où le paiement sera effectué. Pour le paiement de cet intérêt, il y a même obligation et même solidarité.

Fait à . . . ., le . . . .

Nota. Pour les Bon ou Approuvé et Signature, nous renvoyons aux règles et modèles précédens.

Remarque. — Il y a beaucoup d'analogie entre l'espèce ci-dessus et la seconde espèce du modèle précédent : la différence la plus remarquable est que, dans ce modèle, le terme de paiement est fixe, tandis que dans l'autre le terme de paiement est incertain, parce qu'il est reporté à l'époque du décès du Débiteur.

N° 12. *MODÈLE d'un BILLET dont le montant est exigible à terme.* — *Disposition qui ramène le moment de l'exigibilité à l'époque du décès du Créancier, s'il décède avant le terme.*

JE soussigné . . . . ; laquelle somme je m'oblige de lui payer (OU) de lui rendre et payer le . . . . Si avant l'époque ci-dessus fixée pour l'exigibilité de ladite somme de . . . . ledit . . . . (*le Créancier*) vient à décéder, je m'oblige payer (OU) restituer ladite somme trois mois après la notification qui m'aura été faite dudit décès. Cette notification sera à mes frais.

Fait à : . . . ., le . . . .

NOTA. Pour les Bon ou Approuvé et Signature, nous renvoyons aux règles et modèles précédens.

REMARQUE. — Une notification, pour être régulière, exige l'intervention d'un huissier, ce qui nécessite toujours quelques frais. Cette intervention et ces frais peuvent s'éviter en donnant, par le Débiteur, instruit du décès du Créancier, un écrit constatant qu'il lui a été donné connaissance du décès arrivé de M. . . . . . . , son Créancier d'une somme de . . . . . . , suivant un Billet par lui consenti, le . . . . . . , qu'il se tient ce décès pour notifié, et qu'en conséquence il se soumet au paiement du montant dudit Billet dans trois mois, à compter de ce jour. Cet écrit, daté et signé du Débiteur, et remis aux héritiers du Créancier, tiendrait lieu de notification.

N° 15. *MODÈLE d'un BILLET ou les especes prêtées sont mentionnées, à cause d'une certaine somme de monnaie de billon entrée dans le montant du prêt. — Le Billet est écrit par le Débiteur.*

JE soussigné reconnais devoir bien légitimement à Mr H. la somme de *NEUF CENTS FRANCS*, pour pareille somme qu'il m'a prêtée pour employer à mes affaires : cette somme est composée de huit cent cinquante francs en monnaie d'argent, et de cinquante francs en monnaie de cuivre (OU) billon, laquelle somme de neuf cents francs je promets et m'oblige de lui rendre et payer, en pareilles espèces, le .... Je m'oblige en outre de payer à mondit sieur H. l'intérêt .... *comme aux modèles précédens.*

    Fait à . . . ., le . . . .

Robin.

REMARQUE. — Voyez la question nomb. 28.

N° 14. MODÈLE d'un BILLET *ayant pour cause la pension fournie au Débiteur.* — *Le Billet est écrit par le Débiteur.*

JE soussigné .... *comme aux modèles précédens*...., pour quatre mois de pension qu'il m'a fournis, courus depuis le .... jusqu'au ....; laquelle somme je promets et m'oblige lui payer dans trois mois à compter de ce jour.

Fait à ...., le ....

Picard.

Surnuméraire à ....

REMARQUE. — Il arrive quelquefois qu'on indique dans un Billet une cause différente de celle qui constitue réellement l'obligation : par exemple, on cause le Billet pour argent prêté, tandis qu'il s'agit de prix de marchandises ou autrement. Ces novations ou changemens peuvent dans certains cas porter préjudice au Créancier : notamment, si la véritable créance est privilégiée, comme celle dont il s'agit dans ce modèle. Art. 2101 du Code Civil.

N° 15. *MODÈLE d'un BILLET par lequel le Débiteur se soumet à le convertir en un acte notarié.*

JE soussigné . . . . ; laquelle somme je m'oblige . . . . Je me soumets à consentir obligation de ladite somme de . . . . et desdits intérêts, par-devant notaires, sur la première réquisition dudit sieur . . . . (*le Créancier*), et de constituer une hypothèque suffisante pour la garantie du paiement.

Fait à . . . . , le . . . .

NOTA. Pour le Bon ou Approuvé et Signature, nous renvoyons aux règles et modèles précédens.

REMARQUES. — 1° Entre autres avantages que les actes notariés ont sur ceux sous signatures privées, les actes notariés donnent hypothèque sur les biens immeubles du débiteur, lorsque cette hypothèque est légalement constituée et qu'elle a été inscrite au bureau de la conservation des hypothèques de l'arrondissement où les biens sont situés.

2° A défaut par le Débiteur de consentir l'acte notarié requis, avec hypothèque suffisante, ainsi qu'il est prescrit par le Billet, le montant y demeurerait dès lors exigible.

Nᵒ 16. *MODÈLE d'un BILLET pour choses fongibles ou qui se consomment par l'usage qu'on en fait.* —
Le billet est écrit par un tiers.

Je soussigné reconnais devoir bien légitimement à Mʳ J. la quantité de *HUIT HECTOLITRES DE FRO-MENT*, première qualité, bien nettoyé, loyal et marchand, pour pareille quantité et qualité, qu'il m'a prêtée pour ma consommation; laquelle quantité de froment je promets et m'oblige de lui rendre le premier octobre prochain. Je m'oblige en outre de lui payer l'intérêt de cette quantité de froment, à raison de cinq pour cent par an, lequel intérêt courra jusqu'au jour de la restitution effectuée.

Fait à . . . ., le . . . .

Bon pour Huit hectolitres de Froment.

Richard.

Propʳᵉ à . . . .

REMARQUES. — 1ᵒ Il est hors de doute qu'on peut stipuler l'intérêt dans le prêt des choses qui se consomment par l'usage, tout aussi bien que s'il s'agissait du prêt d'une somme d'argent.

2ᵒ Si le blé n'était pas restitué le 1ᵉʳ octobre, parce que le Créancier ne l'aurait pas réclamé, ou que le Débiteur ne l'aurait pas offert, et qu'à l'époque postérieure où il serait réclamé ou offert, il fût d'un prix différent qu'au 1ᵉʳ octobre, époque de l'exigibilité, comment la restitution devrait-elle avoir lieu? La dette consistant toujours dans les 8 hectolitres de froment, c'est cette quantité qui doit être restituée.

3ᵒ Sur la demande ou sommation juridique faite par le Créancier au Débiteur de se libérer, si celui-ci n'a pas le bled nécessaire, il doit l'acheter : l'offre qu'il ferait de la valeur pourrait être refusée par le Créancier, qui, en obtenant un jugement de condamnation pour la restitution en nature, pourrait réclamer en argent, à titre de dommages et intérêts, la différence en moins du prix du bled au moment où la restitution sera effectuée, si ce prix était inférieur à celui de l'époque de la sommation de restituer. Le jugement obtenu, le Débiteur pourrait être poursuivi par voie d'exécution, afin que, sur le prix de la vente, par suite de saisie, une somme suffisante fût employée en achat des grains à restituer en nature au Créancier, et qu'il fût satisfait à ses dommages et intérêts et aux frais.

Nº 17. *MODÈLE d'un BILLET ayant pour objet la livraison d'un corps certain. — Le Billet est écrit par un tiers.*

JE soussigné reconnais devoir à Mʳ L. *UN CHEVAL*, âgé de . . . ., sous poil . . . ., marqué . . . ., que je lui ai vendu, avec réserve de la jouissance dudit Cheval jusqu'à l'époque ci-après; le prix duquel m'a été payé; lequel cheval je m'oblige délivrer à mondit sieur L. dans un mois à compter de ce jour.

Fait à . . . ., le . . . .

Bon pour un Cheval.

Remy.

Notaire à . . . .

REMARQUES. — 1º Quoiqu'il ne s'agisse pas ici d'une somme d'argent, mais d'un objet fixe et déterminé et non fongible, le *Bon* ou *Approuvé* en toutes lettres est nécessaire de la part de celui qui n'en est pas dispensé, lorsqu'il n'a pas écrit le Billet lui-même.

2º Si le cheval n'était pas payé, et qu'on voulût constater le marché par écrit, ce modèle ne serait point à suivre: il faudrait que l'écrit fût fait double, que la vente y fût établie, le prix fixé, l'époque de la livraison et celle du paiement du prix déterminées.

No 18. *Modèle d'un Billet souscrit par un ex-Fermier et sa Femme, devenus insolvables. — Le Billet est écrit par le Mari.*

Nous soussignés, moi Mari autorisant mon Épouse, reconnaissons devoir à Mr M. la somme de ......, savoir : *tant* pour restant de fermages de la métairie de ......, située ......, que nous tenions à ferme, appartenante à mondit sieur M., courus et échus jusqu'au ......, époque de la cessation de notre exploitation, et *tant* pour dommages et intérêts résultans de défaut de réparations locatives et de plantations et greffes d'arbres, et résultans d'abus et malversations commis par nous au cours de notre jouissance de ladite métairie ; laquelle somme de ...... nous promettons et nous obligeons solidairement de payer et délivrer à mondit Sieur L., en sa demeure, aussitôt que nous en aurons les moyens. Nous nous obligeons également de lui payer l'intérêt .... *comme aux modèles précédens.* Le présent n'opérera pas de novation qui puisse préjudicier aux droits conférés à Mr M. par tous actes ou titres antérieurs.

Fait à ...., le ....

J. Renaudeau.

Garde champêtre, à ....

Bon pour ....

Anne Girard, f^{me} Renaudeau.

Remarques. — 1° Nous supposons que les Débiteurs sont sortis de la ferme sans aucune ressource, et que le Billet a pour objet d'empêcher la prescription des fermages qui s'acquerrait par cinq ans, art. 2177 du Code civil. La prescription ne peut atteindre ce billet que par trente ans, à compter de sa date : nous disons à compter de sa date, parce que le montant y est exigible toutes fois et quantes.

2° La dernière disposition du Billet annonce qu'il n'y a pas novation, c'est-à-dire substitution d'une dette nouvelle à l'ancienne : en conséquence, s'il y a un bail authentique, le Créancier pourra en faire usage, s'il le préfère, tant que les fermages dus n'auront pas été atteints par la prescription de cinq ans. Au surplus, dans l'espèce, la disposition dont il s'agit serait emise que le créancier pourrait également faire usage des titres antérieurs, parce que le billet est *indicatif des fermages dus.*

N° 19. *Modèle d'un Billet souscrit par une Femme mariée, comme fondée de pouvoir de son Mari, et autorisée à s'obliger elle-même. — Le Billet est écrit par elle-même.*

Je soussignée M. N., Epouse commune en biens de Mr O., Cultivateur, avec lequel je demeure à ...., tant comme sa mandataire qu'en mon nom personnel, en vertu de son autorisation, suivant sa procuration, passée devant Me P., notaire à ...., le........, dûment enregistrée, reconnais devoir bien légitimement à Mr Q. la somme de........., pour prêt de pareille somme qu'il m'a fait pour employer aux affaires de mondit Mari; laquelle somme de........ je l'oblige et je m'oblige moi-même avec lui, et même solidairement, de rendre et payer à mondit Sieur Q., le .... En outre, j'oblige mondit Mari et je m'oblige avec lui, sous la même solidarité, à payer à mondit Sieur Q. l'intérêt........ *comme aux modèles précédens.*

Fait à . . . ., le . . . .

Joséphine Ory, f^{me} Roch.

Remarques. — 1° Lorsque le Créancier veut bien se contenter d'un Billet, et que l'un des Epoux qui doit le souscrire ne sait pas signer, il donne à l'autre sa procuration pour effectuer l'emprunt et souscrire le Billet. Si, comme dans l'espèce, c'est la Femme à qui la procuration est donnée, et qu'elle doive s'obliger, la procuration doit contenir l'autorisation à cet effet.

2° Avant d'effectuer le prêt, il faut lire attentivement la procuration pour s'assurer si elle contient tous les pouvoirs nécessaires.

3° La procuration doit être remise par le fondé de pouvoirs au créancier, en même temps que le billet, afin que le créancier qui la conservera puisse toujours justifier que le mandataire avait les pouvoirs nécessaires pour souscrire le billet.

N° 20. *Modèle* d'un *Billet* souscrit par une *Femme mariée*, *délaissée par son Mari*. — *Le Billet est écrit par elle*.

Je soussignée R. S., Epouse délaissée de Mr T., demeurante à ...., autorisée par jugement rendu au Tribunal de première instance séant à ...., en date du ...., enregistré suivant la grosse dûment en forme, reconnais devoir bien légitimement à Mr N. la somme de........ *Pour la suite*, *voir les modèles précédens*.

Fait à . . . ., le . . . .

Félicité Piquet, f^{me} Rocher.

Remarques. — 1° L'art. 222 du Code Civil porte : « Si le Mari est interdit ou *absent*, le Juge peut, en connaissance de cause, autoriser « la Femme, soit pour ester en jugement, soit pour contracter. » Pour l'application de cet article, il suffit de la disparition plus ou moins prolongée du Mari, sans que d'ailleurs la déclaration d'absence ait été provoquée.

2° Le Billet ne serait pas valablement consenti sans le jugement d'autorisation, la grosse duquel doit être remise au Créancier avec le Billet, afin qu'il ait en mains la preuve que la Femme avait la capacité légale pour le souscrire.

Nº 21. *MODÈLE d'un BILLET souscrit par le Tuteur d'un Mineur. — Il est écrit par un Tiers.*

JE soussigné V. X., Tuteur institué par justice du Mineur Y. Z., demeurant ...., autorisé par jugement rendu par le Tribunal de première instance séant à ...., en date du ...., enregistré suivant la grosse dûment en forme, homologatif d'un délibération du Conseil de famille dudit Mineur, tenu devant Mr le Juge de Paix de ...., le ...., reconnais ...., pour prêt de pareille somme qu'il m'a fait pour employer aux affaires dudit Mineur; laquelle somme je promets et m'oblige en madite qualité, et j'oblige ledit Mineur, de rendre et payer audit Sieur .... le .... *La suite comme aux modèles précédens.*

Fait à ...., le ....

Bon pour ....

Xavier.

REMARQUES. — 1º Le Billet dont nous offrons ici le modèle est dans les termes des art. 457 et 458 du Code Civil.

2º La grosse du jugement doit être remise au Créancier, par les mêmes motifs que ceux que nous avons donnés à la remarque nº 2, étant en suite du modèle précédent.

N° 22. *Modèle d'un Billet souscrit par un Mineur émancipé. — Il est écrit par lui-même.*

Je soussigné A. B., Mineur émancipé par justice, (ou) par le mariage, assisté de Mr C. mon Curateur, aussi soussigné, autorisé par jugement rendu par le Tribunal de première instance séant à ...., en date du ...., enregistré suivant la grosse dûment en forme, homologatif d'une délibération du Conseil de famille dudit Mineur, tenu devant M^r le Juge de Paix de ...., le ...., reconnais ...., pour prêt de pareille somme qu'il m'a fait pour employer à mes affaires; laquelle somme je promets et m'oblige .... *comme aux modèles précédens.*

Fait à : ...., le ....

Pour Assistance.

Carré.

Bordier.

Apprenti Orfèvre, à .....

REMARQUES. — 1° L'émancipation, même celle qui peut avoir lieu par mariage, ne donne au Mineur à qui elle est conférée que le droit d'administrer ses biens et de recevoir ses capitaux : dans ce dernier cas, l'assistance du Curateur à son émancipation est nécessaire, afin qu'il puisse surveiller l'emploi du capital reçu. Le Mineur émancipé ne peut aliéner, hypothéquer ses biens, ni faire *aucun emprunt*, sans y être autorisé par la justice, sur quoi on peut voir les articles 481, 482, 483 et 484 du Code Civil.

2° La grosse du jugement doit être remise au Créancier en même temps que le Billet ; par les motifs que nous avons donnés n° 2 des remarques étant en suite du modèle n° 20.

Nº 23. *MODELE d'un BILLET souscrit par un Individu pourvu d'un Conseil judiciaire. — Il est écrit par le Débiteur lui-meme.*

JE soussigné **D. E.**, assisté de Mr **F. G.**, mon **Conseil** judiciaire, reconnais devoir bien légitimement à Mr N. .... *comme aux formules précédentes.*

Fait à . . . ., le . . . .

Pour Assistance.

Garnier.

Emery

REMARQUE. — Ce billet est dans les termes de l'art. 513 du Code Civil, qui n'exige que l'assistance du Conseil judiciaire pour le rendre valable.

N° 24. MODÈLE d'un BILLET en suite d'un compte de fourniture d'un Marchand. — Le Billet est écrit par le Créancier.

POIRIER, marchand épicier à ...., rue ...., n°........,
A vendu à M᷊ AUBRY, rentier, à ...., rue ...., n°........,

SAVOIR :

MOIS.	DATE.	DÉTAIL DES MARCHANDISES FOURNIES.	PRIX.
Janvier.	4	4 kilog. café en grain, à 3 fr., ci	12 fr. »
Id.	8	2 kilog. savon, à 1 fr. 50 cent., ci	3 »
Id.	13	Etc.	» »
		TOTAL, deux cent huit francs cinquante centimes, ci.	208 fr. 50 c.

(39)

JE soussigné reconnais devoir à M. POIRIER la somme de *DEUX CENT HUIT FRANCS CINQUANTE CENTIMES*, montant du compte qui précède, vérifié et arrêté ce jour, laquelle somme je m'oblige lui payer dans un mois, à compter de ce jour.

Fait à . . . ., le . . . .

Bon pour deux cent huit francs cinquante centimes.

Aubry.

REMARQUES. — 1° S'il avait été payé des à-compte, il faudrait, pour fixer le restant dû, les faire figurer après le total, pour les en soustraire.

2° Si le Billet était fait séparément, et non en suite du compte, il faudrait dire dans le Billet : *Montant du prix des marchandises qu'il m'a vendues et livrées, depuis le . . . . . jusqu'à ce jour,*

Nº 25. *Modèle d'Acte de prêt sur gage.*

Les soussignés,

Mr D. E., propriétaire, demeurant à ...., rue ...., nº
d'une part,

Et M. F. G., horloger, demeurant à ...., d'autre part,

Ont fait le contrat de prêt sur gage dont la teneur suit :

M. E. a prêté à M. G., qui le reconnaît, la somme de........,
pour employer à ses affaires, et dont il est content. Mondit
Sieur G. s'oblige de rendre et payer ladite somme de .... à
mondit Sieur E., le ....; il s'oblige, en outre, lui en payer
l'intérêt à raison de cinq pour cent par an, lequel courra jusqu'au jour du remboursement effectué.

A la sûreté et garantie du paiement de ladite somme de........
et desdits intérêts, Mr G. a remis à Mr E., qui le reconnaît, à
titre de gage (*Indiquer les objets.*); le tout appartenant à mondit Sieur G., ainsi qu'il l'a affirmé.

Les objets ci-dessus seront rendus par Mr E. à Mr G. en
même temps que celui-ci fera le remboursement de ladite
somme de .... et le paiement des intérêts qui seraient dus.

A défaut par Mr G. de se libérer au terme ci-dessus, Mr E.
pourra se pourvoir par les voies légales, à l'effet de parvenir à
la vente des objets à lui ci-dessus remis en gage, pour être
payé sur le prix en provenant par privilége et préférence à tous
autres créanciers.

Fait double à . . . . le . . . .

Elmir.   Gobert.

REMARQUES. — 1º Il y a dans le prêt sur gage réciprocité d'engagement :
le Débiteur s'oblige à la restitution de la somme empruntée; le Créancier
s'oblige de son côté à la remise des objets qui lui sont donnés en gage. C'est
pourquoi l'écrit est *fait double*, et il est *fait mention* de cette formalité, conformément à la loi.

2º Le *Bon* ou *Approuvé* en toutes lettres n'est pas exigé dans les contrats
synallagmatiques, c'est-à-dire qui contiennent des engagemens réciproques.

N° 26. *MODELE d'un BILLET contenant reconnaissance de dépôt d'une somme d'argent. — Le Billet est écrit par un tiers.*

Je soussigné reconnais que Mr H. (*profession et demeure*) m'a déposé entre les mains la somme de *SIX CENTS FRANCS*, savoir : quatre cents francs en vingt pièces d'or de vingt francs, et deux cents francs en quarante pièces d'argent de cinq francs, le tout monnaie française ; laquelle somme je m'oblige lui restituer identiquement dans les mêmes espèces, sur sa réquisition.

Fait à . . . ., le . . . .

Bon pour Six Cents Francs.

Jobe.

REMARQUES. — 1° Le Déposant continuant de demeurer propriétaire de la chose déposée, le Dépositaire doit lui rendre indistinctement les mêmes objets qu'il a reçus en dépôt. Il ne peut les employer à son usage. Si les espèces déposées venaient à éprouver de l'augmentation ou de la diminution, ce serait le Déposant, comme propriétaire, qui en profiterait ou qui en supporterait la perte.

2° Il faudrait dire tout le contraire s'il s'agissait d'un prêt qui serait fait des 600 fr. L'Emprunteur en deviendrait propriétaire ; il en disposerait à sa volonté, et s'il survenait des variations dans la valeur des espèces, la dette de l'Emprunteur consisterait toujours dans la somme de 600 fr., montant de la somme prêtée.

No 27. *Modèle d'un Cautionnement s'appliquant à un Billet précédemment souscrit. — Le Billet de cautionnement est souscrit par un tiers.*

JE soussigné déclare me porter caution du Sieur R. envers Mr S., pour le paiement d'une somme de ...., à lui due par ledit sieur R., et des intérêts, le tout présentement exigible, suivant un Billet consenti par ce dernier à mondit Sieur S., en date de .... En conséquence, je m'oblige avec ledit sieur R., et même solidairement, de payer à mondit Sieur S. ladite somme de ...., et lesdits intérêts échus et ceux à échoir, sans aucune restriction.

Fait à ...., le ....

Bon pour ....

Quentin.

REMARQUES. — 1° On peut se porter caution du Débiteur en son absence, même à son insçu. La caution s'oblige ici *solidairement* avec le Débiteur, comme il arrive presque toujours. Sur la solidarité, *voyez* les notes étant en suite du modèle n° 6.

2° Dans l'espèce où nous supposons ce cautionnement, on voit qu'il s'agit d'un Billet dont le montant est exigible et que n'a pas soldé le Débiteur. Le but visible de ce cautionnement est d'obtenir du Créancier une prorogation de délai. Pour être assuré de cette prorogation, il est nécessaire qu'elle soit consentie par écrit, ce qui peut avoir lieu en ces termes : « Je soussigné consens accorder à R. et à Q. « sa caution, jusqu'au ....., pour l'acquittement du Billet à moi consenti par ledit R., le ....., et cautionné aujourd'hui par ledit Q. —A. ....., ce. .... (*Signature du Créancier.*)

3° Le plus souvent le Créancier écrit sur le Billet lui-même la prorogation de délai qu'il signe, ce qui est suffisant.

Nᵉ 28. *MODÈLE d'un CAUTIONNEMENT, donné par une Femme dans l'intérêt de son Mari. — Le Billet de cautionnement est écrit par le Mari.*

Je soussignée M. G., Epouse du Sieur H. J, et de lui autorisée, aussi soussigné, déclare me porter caution dudit Sieur J. mon Mari envers Mr N., pour le paiement d'une somme de .... à lui due par mondit Mari et des intérêts, le tout exigible le ...., suivant un Billet en date du .... En conséquence, je m'oblige avec ledit Sieur J. mon Mari, et même solidairement, de payer à mondit Sieur N. ladite somme de ...., et lesdits intérêts échus, ceux à échoir, et même les frais de poursuites qui ont eu lieu et ceux qui pourraient être légalement faits dans la suite.

Fait à .... le ....

Pour Autorisation.

Jussieu.

Bon pour .... et les Frais.

Mᵗᵒ Gautier; fᵐᵉ Jussieu.

REMARQUES. — 1º Bien que le cautionnement soit consenti par la Femme dans l'intérêt du Mari, elle n'en a pas moins besoin de l'autorisation de celui-ci.

2º Nous renvoyons aux notes étant en suite du modèle de cautionnement, numéro précédent, qui sont susceptibles de trouver ici leur application.

CHAPITRE II.

Des Lettres de Change.

SECTION PREMIÈRE.

Règles sur les Lettres de Change.

§ 1er. — *Définition, objet et forme de la Lettre de Change.*

1. Qu'est-ce qu'une LETTRE DE CHANGE? C'est, dit POTHIER, *Traité du Contrat de change,* « une lettre revêtue « d'une forme prescrite par les lois, par laquelle vous man- « dez au correspondant que vous avez dans un certain lieu de « m'y compter, ou à celui qui aura mon ordre, une certaine « somme d'argent, en échange d'une somme d'argent ou de sa « valeur que vous avez reçue ici de moi, ou réellement ou en « compte ».

2. La Lettre de change est-elle un acte essentiellement *commerciale?* Non. La Lettre de change, de même que le Billet à ordre, peut avoir lieu dans les affaires civiles tout aussi-bien que dans les affaires commerciales, encore qu'elle soit d'un usage bien plus général en matière de commerce.

3. Quels sont les *élémens constitutifs* de la Lettre de change? La Lettre de change est *tirée d'un lieu sur un au-tre ;* elle est *datée ;* elle énonce la *somme à payer,* le *nom de celui qui doit la payer,* l'époque et le *lieu* où le *paiement* doit s'effectuer, la *valeur* fournie en espèces, en marchandises, en compte ou de toute autre manière ; elle est à *l'ordre* d'un tiers ou à *l'ordre* du Tireur lui-même. Si elle est par *première,* se-

conde, troisième, quatrième, elle l'exprime. *Art.* 110 *du Code de commerce.*

4. Qu'entendez-vous par ces mots, que la Lettre de change est *tirée d'un lieu sur un autre?* Nous entendons que la Lettre de change, ayant *essentiellement* pour objet de procurer de l'argent dans un lieu plus ou moins éloigné de celui où elle est tirée, ne peut être payable dans le même endroit que celui de sa création.

5. Est-il nécessaire que le lieu d'où la Lettre de change est tirée et celui où elle doit être acquittée soient des *villes* ou *places de commerce?* Non. La loi dit seulement que la Lettre de change est tirée d'un lieu sur un autre. Ainsi la Lettre peut être tirée d'un lieu quelconque sur quelque autre lieu que ce soit, tel que ville, bourg, village, etc.

6. Y a-t-il une *distance* déterminée que doive au moins parcourir la Lettre pour lui assurer le caractère de Lettre de change? Non. Il n'en faut pas conclure pourtant que la plus petite distance entre le lieu de la création de la Lettre et celui de sa destination suffit : si la distance était trop rapprochée, et qu'on argumentât de cette circonstance pour prétendre qu'il n'y a pas véritablement de Lettre de change, et qu'en conséquence elle ne doit être regardée que comme simple promesse, les Tribunaux, en statuant sur la question, examineraient si, d'après les circonstances, il a dû être ou non dans l'intention des parties de créer réellement une Lettre de change.

7. La *somme à payer* qui doit être énoncée dans la Lettre de change doit-elle être écrite en *toutes lettres?* Cela n'est pas de rigueur. La somme serait exprimée en chiffres dans le corps de la Lettre, qu'elle n'en serait pas moins valable; mais comme il serait facile de commettre des altérations dans les chiffres, ceux qui expédient des Lettres de change ont le bon esprit d'exprimer la somme du corps de la lettre en toutes lettres.

8. Comment faut-il *dater* les Lettres de change? Ordinairement la date est placée au commencement de la Lettre. La

date peut être exprimée soit en toutes lettres , soit en chiffres; mais il vaut toujours mieux la mettre en toutres lettres. Elle doit indiquer le jour du mois et de l'année de la création de la Lettre de change.

9. Combien de *personnes doivent concourir* pour la formation et le complément de la Lettre de change? Le plus ordinairement la création de la Lettre de change a lieu par le concours de deux personnes : 1° le *Tireur,* c'est-à-dire celui qui l'expédie; 2° le *Preneur,* c'est-à-dire celui qui la reçoit pour en obtenir le recouvrement. La Lettre doit indiquer le *Tiré,* c'est-à-dire celui qui doit la payer. Elle reçoit son complément par l'intervention de celui-ci, qui *l'accepte,* et par-là s'engage à la payer. Il arrive que le Tireur crée à lui seul la Lettre de change à son ordre , et que le Preneur n'est déterminé que par l'ordre qui est passé ensuite à son profit par le Tireur. *Voyez* le question nombre 21.

10. Ne peut-il pas y avoir un *Tiré auxiliaire?* Oui, un second Tiré peut être indiqué *au besoin :* dans ce cas , s'il y a lieu à protêt, il doit être fait aussi-bien au Tiré auxiliaire qu'au Tiré principal.

11. Ne peut-on tirer une Lettre de change *que dans son nom* et pour son propre compte ? La Lettre de change peut encore être tirée par ordre et pour le compte d'un tiers. Exemple : Un individu de Paris a des fonds à toucher à Nantes, **ou** un crédit ouvert sur quelqu'un de cette ville; il donne pouvoir à une personne de tirer pour lui sur Nantes. Pour que l'acceptation et le paiement se fassent sans difficulté, il faut que celui qui a autorisé de tirer pour son compte en donne avis au Tiré.

12. D'autres personnes que le *Tireur,* le *Preneur* et le *Tiré,* ne peuvent-elles pas intervenir dans la Lettre de change? L'intervention de plusieurs personnes peut avoir lieu par la voie de l'endossement, à participer tour à tour aux avantages offerts par la Lettre mise en circulation. Un Donneur d'*aval* peut aussi intervenir pour assurer le paiement de la Lettre. Mais ces interventions ne sont pas nécessaires pour fixer le caractère de la Lettre de change, qui se trouve définitivement établi par

le concours du Tireur, du Preneur et l'adjonction du Tiré-accepteur.

13. Comment *l'époque où le paiement* de la Lettre de change doit avoir lieu est-elle exprimée? A vue, à un ou plusieurs jours, mois ou usances de vue, à un ou plusieurs jours, mois ou usances de date, à jour fixé ou déterminé en foire. La lettre de change à vue est payable à sa présentation. Si elle n'est pas acquittée sur-le-champ, il y a lieu à protêt faute paiement. L'échéance de celle à un ou plusieurs jours, mois ou usances de vue, est fixée par la date de l'acceptation, ou par celle du protêt faute d'acceptation. L'usance est de trente jours, qui courent du lendemain de la date de la Lettre de change. Les mois sont tels qu'ils sont fixés par le calendrier grégorien. La Lettre de change payable en foire est échue la veille du jour fixé pour la clôture de la foire, ou le jour de la foire, si elle ne dure qu'un jour.

14. Si l'échéance d'une Lettre de change tombe un jour de *dimanche* ou de *fête légale*? Elle est payable la veille ; cependant le protêt ne doit être fait que le lendemain du dimanche ou de la fête. Les fêtes légales sont au nombre de six, savoir : Noël, l'Ascension, l'Assomption, la Toussaint, le 1er et le 21 janvier.

15. Comment *le lieu où le paiement* de la Lettre de change doit être effectué est-il exprimé? Lorsque le paiement doit avoir lieu au domicile du *Tiré,* ce qui est le plus ordinaire, la souscription, en suite de la Lettre, de ses noms, profession et demeure, suffit; elle se fait dans cette forme : « *A Mr R......, négociant à ...., rue ...., n° ....* »

16. La Lettre de change peut donc être payable dans un autre lieu qu'au *domicile du Tiré?* Oui, elle peut l'être au domicile d'un tiers qu'elle indique, et cette indication renferme une élection de domicile tacite chez ce tiers, dont l'effet est d'autoriser le Porteur de la Lettre à faire ses diligences à ce domicile. Si le tiers change de demeure, l'élection se continue dans la maison ou l'appartement qu'il occupait. Il ne faut pas

(48)

oublier que, dans tous les cas, pour qu'il y ait Lettre de change, il faut qu'il y ait remise de fonds de place en place, ainsi que nous l'avons expliqué.

17. De quelle manière la *valeur fournie* pour obtenir la Lettre de change est-elle énoncée ? 1° Si la valeur est fournie en argent, on met *valeur reçue comptant*; 2° si elle a été fournie en marchandises, on l'exprime; 3° si elle a pour objet une somme provenante d'une comptabilité qui serait faite par le Tireur au profit du Preneur, ou s'il s'agit d'un compte courant, ou enfin d'un crédit ouvert sur la maison du Tireur, on met *valeur en compte* ; 4° si elle a pour objet une somme fixe et liquide due par le Tireur au Preneur, provenante de recouvrement, on met *valeur reçue comptant pour lui et pour solde de ladite* ; 5° enfin on exprime naturellement les diverses valeurs qui peuvent causer l'expédition de la Lettre de change, par exemple : *valeur reçue en une quittance de loyers, valeur reçue en une quittance de prix de vente d'immeubles, valeur reçue en travaux d'impression, valeur reçue en déboursés, peines et soins pour mes affaires*, etc.

18. Que signifie l'expression *valeur entendue*, que les commerçans emploient quelquefois dans leurs Lettres de change ? L'expression valeur entendue est véritablement obscure. Elle peut faire supposer que la valeur a été fournie en une reconnaissance donnée par le Preneur au Tireur. On peut aussi la regarder, et c'est ainsi qu'on la considère pour l'admettre, comme l'équivalent de valeur en compte : car on peut supposer que les parties ont des comptes ou liquidations à faire, dont le résultat, quoique incertain, doit être dans leur esprit de produire la valeur qu'elles entendent.

19. Que signifie l'expression *valeur en moi-même*, qui s'emploie aussi dans les Lettres de change ? *Voyez* le nombre 21, où cette question est résolue.

20. Vous avez dit que la Lettre de change est à *l'ordre* d'un tiers sou du Tireur lui-même : qu'entendez-vous par-là ? Lorsque le Preneur est dénommé dans la Lettre, ce qui est le plus ordinaire, elle est à l'ordre d'un tiers, qui est le Preneur. Le Pre-

neur peut n'être pas dénommé dans la Lettre : dans ce cas, le Tireur la met payable à son ordre.

21. Le Tireur mettant la Lettre *à son ordre*, comment peut-il exprimer la valeur, ne l'ayant pas reçue, puisqu'il n'y a pas de Preneur ? La valeur n'est pas exprimée dans la contexture de la Lettre ; cela n'est pas possible. Elle est causée par le Tireur, *valeur en moi-même*, ce qui veut dire seulement qu'il se prétend créancier du Tiré du montant de la Lettre. Ce ne pourra être qu'en la transmettant par la voie de l'endossement que la valeur pourra être indiquée, et il se trouvera que celui au profit duquel ce premier endossement aura lieu sera véritablement le Preneur. Cette manière de procéder, qui ne présente aucun inconvénient, est admise et consacrée par l'usage.

22. Pourquoi doit-il être exprimé dans la Lettre de change qu'elle est par *première*, *seconde*, *troisième*, *quatrième*, etc.? La loi prescrit cette énonciation; d'ailleurs, il peut y avoir nécessité de tirer plusieurs exemplaires de la même Lettre de change, par exemple si le premier exemplaire se trouve perdu, ou si, le lieu du paiement étant très-éloigné, on veut envoyer un exemplaire par voie de correspondance vers le Tiré pour recevoir son acceptation, tandis qu'un autre est en circulation.

23. Que signifient ces mots, *que passerez suivant l'avis*..... qu'on emploie dans les lettres de Change? *Que passerez* signifie laquelle somme vous établirez à votre décharge, dans vos écritures, sur ce que vous me devez, ou vous porterez en déduction au crédit que vous m'avez ouvert sur votre maison. *Suivant l'avis* veut dire que le Tireur donnera avis au Tiré de la traite qu'il a faite sur lui. Au lieu de suivant l'avis, la Lettre contient quelquefois *sans autre avis* : cela veut dire que le Tiré ne sera pas prévenu qu'il a été tiré sur lui une Lettre de change. Remarquez que ces expressions; *que passerez suivant l'avis* ou *sans autre avis*, ne sont que de style, et ne sont point nécessaires à la validité de la Lettre de change.

24. L'art. 1526 du Code Civil, qui exige un *Bon* ou un *Approuvé*, portant en toutes lettres le montant de la somme

faisant l'objet d'un Billet, de la part du Signataire, lorsqu'il ne l'a pas écrit lui-même, sauf les exceptions que cet article contient, est-il applicable aux Lettres de change? La Cour de Cassation a décidé que non : en conséquence, le Bon ou Approuvé en toutes lettres n'est point nécessaire à la validité de la Lettre de change.

25. Si le *caractère* de la Lettre de change était *contesté*, et qu'elle fût dans le cas d'être réduite à la valeur d'une simple promesse, comme il est prévu à l'art. 112 du Code de Commerce, ne pourrait-on pas en faire prononcer la *nullité*, si, étant, comme simple promesse, sujette au Bon ou Approuvé, elle n'en était pas revêtue? Cette Lettre, qui n'aurait dû être, dans l'origine, qu'un Billet simple ou à ordre, sujet au Bon ou Approuvé, ne pouvant valoir comme Lettre de change, ne vaudrait pas davantage comme simple promesse, à défaut du Bon ou Approuvé. Ainsi, cette œuvre de simulation serait justement déclarée nulle, sauf recours contre le Preneur de la part de ceux qui auraient concouru à la négociation de la prétendue Lettre de change, si elle avait été négociée.

§ II. — *De la Provision.*

26. Qu'est-ce que la *provision*? C'est, dans le langage commercial, un fonds étant entre les mains de celui sur qui une Lettre de change est tirée, appartenant au Tireur ou à celui pour le compte de qui la Lettre est tirée, et qui doit être employé au paiement de la Lettre. Il y a provision si, à l'échéance de la Lettre, le Tiré est redevable d'une somme au moins égale au montant de la Lettre de change. Observez toutefois que l'existence de la provision n'empêche pas le Tireur d'être personnellement obligé.

27. Est-il suffisamment prouvé que la *provision* existe par l'acceptation que fait le Tiré de la Lettre de change? A l'égard du Tireur, la provision n'est aucunement prouvée par l'acceptation du Tiré. Il en est autrement à l'égard des Endosseurs : cette acceptation prouve la provision en leur faveur, et rend

le Tiré-accepteur codébiteur solidaire du Tireur, à moins que celui-ci n'ait failli, à l'insçu du Tiré, avant qu'il eût accepté.

§ III. — *De l'Acceptation directe, et de l'Acceptation par intervention.*

28. Qu'est-ce que l'*acceptation* dont vous avez déjà eu occasion de parler? C'est le consentement que le Tiré exprime sur la Lettre de change d'en payer le montant, par le mot ACCEPTÉ, qu'il souscrit de sa signature. Si la Lettre était à plusieurs jours, mois ou usances de vue, l'acceptation devrait être datée : l'omission de la date, dans ce cas, rendrait la Lettre payable au terme y exprimé, en partant de la date de la Lettre même. Nous entendons par acceptation directe celle qui est faite par le Tiré.

29. Dans quel délai la Lettre de change doit-elle être *présentée au Tiré* pour obtenir son acceptation? A l'égard des Lettres de change *à vue* ou *à tant* de jours, de mois ou d'usances *de vue*, il est expliqué, au nomb. 50, dans quel délai le Porteur doit en exiger le paiement ou l'acceptation. Quant à celles qui ne sont ni à vue ni *à tant* de vue, la loi n'impose pas au Porteur l'obligation de les présenter à l'acceptation : il ne peut donc y avoir, à l'égard de celles-ci, de délai marqué pour remplir cette formalité. Cependant, le Porteur, pour se fixer, autant que possible, sur le sort de la Lettre appartenante à cette dernière catégorie, agit sagement en la présentant à l'acceptation, parce que cette acceptation oblige le Tiré au paiement du montant de la Lettre, d'où résulte une sûreté de plus pour le Porteur. Le refus d'accepter la Lettre, que ferait le Tiré, donnerait lieu au protêt faute d'acceptation; mais le Porteur peut se dispenser de requérir ce protêt.

30. Le *Tiré* est-il tenu d'*accepter* la Lettre de change au *moment* même où elle lui est *présentée?* Oui, ou au plus tard dans les vingt-quatre heures de la présentation. On a jugé que ce délai pouvait être nécessaire au Tiré pour examiner et reconnaître sa situation envers le Tireur. Mais après le svingt-quatre heures, si la Lettre, qui a dû lui être confiée sur son

récépissé , n'a pas été par lui rendue au Porteur, acceptée ou non, il peut-être passible de dommages et intérêts envers lui·

51. L'acceptation, pour être *admissible* , doit-elle être absolument du montant de la Lettre de change, et sans être subordonnée à aucune condition ? Non , elle peut être d'une somme moindre. Dans ce cas, l'acceptation n'étant que partielle, le Porteur est tenu de faire protester la Lettre de change pour le surplus. Une acceptation conditionnelle ne doit pas être reçue. Ainsi, nonobstant une pareille acceptation, la Lettre devrait être protestée faute d'acceptation. Remarquez que, si le Tiré se prétend créancier du Porteur qui requiert l'acceptation , des auteurs regardent comme valable l'acceptation en cette forme : *accepté pour payer à moi-même ,* par laquelle le Tiré fait entendre qu'il veut établir une compensation. Que cette acceptation soit suffisante pour produire son effet, dans l'intérêt du Porteur et des Endosseurs, c'est ce qu'on peut admettre; mais elle ne peut assurer la compensation que prétend invoquer le Tiré, parce que, la Lettre pouvant être négociée après comme avant l'acceptation , ce ne peut être qu'au jour du paiement que le Tiré peut fixer ses regards sur le Porteur; il ne peut opposer la compensation qu'à celui même qui réclamera le paiement. L'acceptation pure et simple du Tiré ne pourrait d'ailleurs l'empêcher d'invoquer cette compensation.

32. Lorsque la Lettre *n'est pas payable au domicile du Tiré ,* celui-ci ne doit-il pas , dans l'acceptation, indiquer le domicile où le paiement aura lieu? Oui, il faut bien que le Porteur sache positivement où s'adresser pour toucher le paiement ou exercer les poursuites. Il n'y a lieu à cette indication que quand elle n'est pas contenue dans la Lettre, par exemple si la Lettre était tirée sur Pierre, de Bordeaux, pour payer à Jacques, à Paris, sans qu'il fût indiqué de domicile où le paiement devrait avoir lieu dans cette dernière ville.

33. Qu'est-ce que l'*acceptation par intervention?* C'est l'acceptation qu'un tiers intervenant fait de la Lettre de change pour le Tireur ou pour l'un des Endosseurs, lors du protêt faute d'acceptation. L'intervention est mentionnée dans l'acte

de protêt; elle est signée par l'intervenant, qui est tenu de notifier sans délai son intervention à celui pour qui il est intervenu. Le Porteur de la Lettre de change conserve tous ses droits contre le Tireur et les Endosseurs à raison du défaut d'acceptation par celui sur qui la Lettre était tirée, nonobstant l'acceptation par intervention.

§ IV. — *De l'Endossement.*

34. Qu'est-ce que *l'endossement* des Lettres de change? C'est un acte qui s'inscrit au dos de la Lettre, lequel, s'il est régulier, en transfère la propriété. Pour être régulier, l'endossement est daté; il exprime la valeur fournie; il énonce le nom de celui à l'ordre de qui il est passé; il est signé. En conséquence, l'endossement peut être ainsi conçu : « Payez, ou passé « à l'ordre de M^r (nom), valeur reçue comptant (*ou autre-* « *ment*), à........, le........, » *Signature.* Sur la manière d'exprimer les différentes valeurs, nous renvoyons aux questions nomb. 17, 18 et 19.

35. Quel *effet* produirait *l'endossement* qui ne contiendrait pas toutes les énonciations établies au nombre précédent? Cet endossement, qui serait dès lors irrégulier, au lieu d'avoir l'effet de rendre celui au profit de qui l'ordre a été écrit propriétaire de la Lettre, ne serait considéré que comme une *procuration.* De cette circonstance il résulterait que les Tiré, Tireur et Endosseurs, poursuivis en paiement par le Porteur de cet ordre, seraient en droit de lui opposer la compensation de ce qui pourrait leur être dû par celui qui a donné l'ordre irrégulier.

36. Si le *dos* de la Lettre était tout-à-fait *rempli* par les endossemens successifs, et que le Porteur voulût encore la négocier, que faudrait-il faire? On pourrait ajouter une *allonge.* C'est ainsi que cela se pratique dans le commerce.

§ V. — *De l'Aval.*

37. Qu'est-ce que *l'aval?* C'est un cautionnement donné par un tiers pour assurer le paiement de la Lettre de change. Il est

donné sur la Lettre même ou par acte séparé. La loi ne détermine aucune forme pour exprimer la dation d'aval. La plus naturelle, lorsqu'il est écrit sur la lettre même, est de mettre en suite, en marge ou au dos de la Lettre : « Pour aval de la « somme de ...., à ...., le........ » *Signature*. On admet comme suffisant l'aval exprimé par une simple signature.

§ VI. — *De la Solidarité.*

58. Indépendamment des effets expliqués sur *les engagemens* résultans de la Lettre de change, quels sont ceux du Tireur, du Tiré qui a accepté, ou de l'intervenant Accepteur, des Endosseurs et Donneurs d'aval? Ils sont tenus à la *garantie solidaire* envers le Porteur. Remarquez que les Donneurs d'aval sont naturellement assimilés à ceux des Souscripteurs de la Lettre, soit Tireur, Endosseur ou Accepteur, qu'ils ont garantis ou cautionnés : d'où il suit que, si l'aval s'applique à un Endosseur, ils peuvent, de son chef, opposer le défaut de protêt à l'échéance, et des autres diligences faisant la matière du § VIII.

§ VII. — *Du Paiement direct et du Paiement par intervention.*

59. En quelle *monnaie* la Lettre de change doit-elle être acquittée? Dans la monnaie qu'elle indique. Ainsi, si la Lettre porte qu'elle sera acquittée en monnaie d'or, elle devra l'être; si elle porte qu'elle le sera en monnaie d'argent ou de billon, ou partie de l'un et partie de l'autre, il faudra s'y conformer. Si la Lettre indiquait une monnaie qui fût étrangère au lieu où elle doit être acquittée, cette monnaie pourrait néanmoins être remplacée par la monnaie du pays, au cours du change du lieu du paiement, et au moment du paiement. A défaut d'indication sur l'espèce de monnaie à employer à l'acquittement de la Lettre de change le paiement fait en France doit s'exécuter en espèces d'or ou d'argent, sans pouvoir y faire entrer aucune monnaie de billon autrement que pour l'appoint. Sur quoi voyez la question nombre 28, chap. 1er, sect. 1re. Elle se réfère d'abord à la présente réponse; elle s'explique ensuite

sur ce qu'on appelle la *passe de sac*, et sur l'admission des *billets de banque* dans les paiemens.

4o. **Une Lettre de change peut-elle être payée** *avant son échéance?* Oui, si les volontés du Tiré et du Porteur se réunissent sur ce point; mais la loi déclare que celui qui paie une Lettre de change avant son échéance est responsable de la validité du paiement, par exemple si le Porteur avait extorqué la Lettre du véritable propriétaire. La loi ne consacre la libération que de celui qui paie une Lettre de change à son échéance et sans opposition. (Voir la question 41 ci-après.) Le Porteur d'une Lettre de change ne peut être contraint d'en recevoir le paiement avant l'échéance. Les tribunaux ne peuvent accorder aucun délai pour payer la Lettre.

41. **Peut-il être formé** *opposition* **au paiement d'une Lettre de change?** Non, parce qu'il est dans le vœu de la loi que le paiement de la Lettre de change ait lieu sans obstacle le jour de l'échéance, ni plus tôt ni plus tard. D'ailleurs, la difficulté d'atteindre les Lettres de change, qui, à chaque instant, passent de main en main comme une monnaie, donnerait lieu à des oppositions qui tomberaient le plus souvent à faux. Néanmoins, par exception, la loi admet l'opposition au paiement de la Lettre de change 1º en cas qu'elle soit perdue : ainsi le Porteur qui s'en trouve dessaisi peut, à juste titre, former opposition entre les mains du Tiré, afin que, par erreur, il ne paie pas entre les mains de celui qui aurait trouvé ou extorqué la Lettre; 2º et en cas de faillite du Porteur, étant juste que le montant de la Lettre profite à son actif : les agens ou syndics de la faillite peuvent donc former opposition au paiement entre les mains du Tiré.

42. **Lorsque le Porteur d'une Lettre de change vient à s'apercevoir qu'il l'a** *perdue*, **que doit-il faire pour la remplacer ?** Si le moment de l'échéance est assez éloigné pour qu'il puisse s'en procurer un nouvel exemplaire, il doit s'adresser à son Endosseur immédiat, qui est tenu de lui prêter son nom et ses soins pour agir envers son propre Endosseur, et ainsi en remontant, d'Endosseur en Endosseur, jusqu'au Tireur de la Lettre.

Le Propriétaire de la Lettre de change égarée supporte les frais. Si l'époque de l'échéance de la Lettre perdue est trop rapprochée pour que ces diligences puissent avoir lieu avant cette échéance, le Porteur doit se référer aux formalités indiquées aux questions nomb. 44, 45, 46 et 47.

43. Si *plusieurs exemplaires* d'une Lettre de change ont été tirés, y a-t-il quelque *attention* à avoir par le Tiré lors du paiement? Si aucun des exemplaires ne se trouve revêtu de l'acceptation du Tiré, il peut payer à l'échéance celui des exemplaires qui lui sera présenté. Si c'est l'exemplaire tiré par *première*, il n'a point à s'inquiéter s'il y en a eu de subséquens. Si c'est un exemplaire tiré par *deuxième, troisième*, qui soit présenté, il paie , sans difficulté, pourvu que l'exemplaire présenté porte *que le paiement fait sur cet exemplaire annulle l'effet des autres.*

44. Dans le cas où le Tiré aurait *revêtu* l'un des exemplaires de la Lettre de change de son *acceptation ,* devrait-il en exiger la rentrée lors du paiement? Il ne devrait payer que sur l'exemplaire accepté par lui , à moins que, si le paiement était réclamé sur un autre exemplaire, on ne lui remît en même temps celui sur lequel existe son acceptation : autrement le paiement qu'il aurait fait ne l'empêcherait pas d'être obligé de payer une seconde fois à celui qui se trouverait porteur de l'exemplaire revêtu de l'acceptation , sauf répétition contre qui de droit. Observez cependant que le défaut de représentation de l'exemplaire de la Lettre de change revêtu de l'acceptation du Tiré n'est pas un obstacle insurmontable au paiement : le Porteur pourrait l'exiger sur la remise d'un autre exemplaire, en vertu d'une ordonnance du Président du Tribunal de commerce , en donnant caution, laquelle caution serait déchargée après trois ans, s'il n'était survenu ni demande, ni poursuites juridiques.

45. Le Porteur qui a *perdu* la Lettre de change , *acceptée ou non*, et qui n'en a pas de 2ᵉ, 3ᵉ, 4ᵉ, etc. , peut-il cependant réclamer le paiement ? Oui, au moyen de l'ordonnance et de la caution dont il est parlé à la question précédente , mais en justifiant de sa propriété de la Lettre par ses livres. La Lettre

de change n'étant pas un acte essentiellement commercial ,
comme nous l'avons dit question nomb. 2 , les livres dont il
s'agit ici ne sont point seulement ceux prescrits par la loi aux
commerçans , mais bien tels livres tenus que ce soit.

46. Si, nonobstant les mesures prises par le Propriétaire ou
Porteur , dans les cas prévus aux deux questions précédentes,
le Tiré se *refuse* au paiement ? L'un comme l'autre devra se
pourvoir devant le Président du Tribunal de commerce , auquel il présentera sa requête expositive des faits, assez à temps
pour être à même de se présenter chez le Tiré au jour de l'é-
chéance , muni de l'ordonnance portant que le paiement aura
lieu en donnant caution , et accompagné de cette caution. Mais
nous pensons que, malgré ces diligences, le Tiré peut bien se
refuser au paiement , sous prétexte qu'il n'a pas connaissance
de la Lettre de change qu'on suppose perdue ou qu'on ne peut
représenter ; qu'il ne trouve pas la caution suffisante , ou pour
tous autres motifs. Avant qu'on puisse le contraindre au paiement, il faudra que ses allégations soient jugées. En attendant,
le Propriétaire de la Lettre *conservera tous ses droits* par un
acte de *protestation ,* auquel acte nous pensons que la caution
offerte doit assister, et y exprimer sa soumission de cautionnement. Cet acte est fait le lendemain de l'échéance de la Lettre de change perdue ou qu'on ne peut représenter. Il doit
être notifié aux Tireur et Endosseurs dans les formes et délais
prescrits pour la notification du protêt.

47. Si le Propriétaire de la Lettre perdue ou qui ne peut
être représentée ne peut fournir de *caution ?* Il ne peut valablement faire aucunes diligences. Il ne conserve que le recours
contre le Tireur, recours que plusieurs circonstances peuvent
rendre illusoire , par exemple s'il était devenu insolvable.

48. A qui profitent les paiemens faits *à compte* sur le montant d'une Lettre de change ? Ils sont à la décharge des Tireur
et Endosseurs. Le Porteur est *tenu* de faire protester la Lettre
de change pour le surplus.

49. La Lettre de change ne peut-elle pas être payée par *intervention ?* Une Lettre de change protestée peut être payée

par tout intervenant pour le Tireur ou pour l'un des Endosseurs. L'intervention et le paiement seront constatés dans l'acte de protêt ou à la suite de l'acte. Celui qui paie une Lettre de change par intervention est subrogé aux droits du Porteur, et tenu des mêmes devoirs pour les formalités à remplir. Si le paiement par intervention est fait pour le compte du Tireur, tous les Endosseurs sont libérés. S'il est fait pour un Endosseur, les Endosseurs subséquens sont libérés. S'il y a concurrence pour le paiement d'une Lettre de change par intervention, celui qui opère le plus de libérations est préféré. Si celui sur qui la Lettre était originairement tirée, et sur qui a été fait le protêt faute d'acceptation, se présente pour la payer, il sera préféré à tous les autres.

§ VIII. — *Des Droits et Devoirs du Porteur.*

5o. Dans quel délai le *Porteur* d'une Lettre de change, soit à vue, soit à un ou plusieurs jours, mois ou usances de vue, doit-il en exiger le paiemeut ou l'acceptation ? Le Porteur d'une Lettre de change tirée du continent et des îles de l'Europe, et payable dans les possessions européennes de la France, soit à vue, soit à un ou plusieurs jours, ou mois, ou usances de vue, doit en exiger le paiement, pour la Lettre à vue, et l'acceptation pour celle à *tant* de jours, mois ou usances de vue, dans les *six mois* de sa date, sous peine de perdre son recours sur les Endosseurs, et même sur le Tireur, si celui-ci a fait provision. Le délai est de *huit mois* pour la Lettre de change tirée des Echelles du Levant et des côtes septentrionales de l'Afrique, sur les possessions européennes de la France ; et réciproquement, du continent et des îles de l'Europe sur les établissemens français aux Echelles du Levant et aux côtes septentrionales de l'Afrique. Le délai est *d'un an* pour les Lettres de change tirées des côtes occidentales de l'Afrique, jusques et compris le Cap de Bonne-Espérance, et pour celles tirées du continent et des îles des Indes occidentales sur les possessions européennes de la France ; et réciproquement, du continent et des îles de l'Europe sur les possessions françaises ou établissemens français aux côtes occidentales de l'Afrique, au continent et aux îles des Indes occidentales. Le délai est de *deux ans* pour les Lettres de change tirées du continent et des îles des Indes occidentales sur les possessions européennes de la France ; et réciproquement, du continent et des îles de l'Europe sur les possessions françaises ou établissemens français, au continent et aux îles des Indes orientales. La même déchéance a lieu contre le Porteur d'une Lettre de change à vue, à un ou plusieurs jours, mois ou usances de vue, tirée de la France, des possessions ou établissemens français, et payable dans les pays étrangers, qui n'en exigera pas le paiement ou l'acceptation dans les délais ci-dessus prescrits pour chacune des distances respectives. Les délais ci-dessus de *huit mois,* d'*un an* et *deux ans ,* sont *doubles* en temps de guerre maritime. Les dispositions ci-dessus ne préjudicient néanmoins pas aux stipulations contraires qui pourraient intervenir entre le Preneur, le Tireur, et même les Endosseurs.

51. Quel jour le Porteur d'une Lettre de change doit-il en *exiger le paiement ?* Le jour de son échéance. Le refus de paiement doit être constaté le lendemain du jour de l'échéance par un acte que l'on nomme *Protêt faute de paiement.* Si ce jour est un jour férié légal, le protêt est fait le jour suivant. Le Porteur n'est dispensé du protêt faute de paiement ni par le protêt faute d'acceptation , ni par la mort ou faillite de celui sur qui la Lettre de change est tirée. Dans le cas de faillite de l'Accepteur avant l'échéance, le Porteur peut faire protester et exercer son recours.

52. Comment le Porteur d'une Lettre de change protestée faute de paiement peut-il exercer son *action en garantie ?* Il peut l'exercer ou individuellement contre le Tireur et chacun des Endosseurs , ou collectivement contre les Endosseurs et le Tireur. La même faculté existe pour chacun des Endosseurs à l'égard du Tireur et des Endosseurs qui le précédent. Si le Porteur exerce le recours individuellement contre son cédant , il doit lui faire notifier le Protêt, et, au défaut de remboursement , le faire citer en jugement dans les quinze jours qui suivent la date du protêt, si celui-ci réside dans la distance de cinq myriamètres. Ce délai , à l'égard du Cédant domicilié

à plus de cinq myriamètres de l'endroit où la Lettre de change était payable, sera augmenté d'un jour par deux myriamètres et demi excédant les cinq myriamètres. Si le Porteur exerce son recours collectivement contre les Endosseurs et le Tireur, il n'a toujours, à l'égard de chacun d'eux, que le même délai de quinze jours dont nous venons de parler, en ajoutant pour chacun les jours supplémentaires nécessités par la distance de domicile, comme il vient d'être établi. Chacun des Endosseurs a le droit d'exercer le même recours, ou individuellement, ou collectivement, dans le même délai. A leur égard, le délai court du lendemain de la date de la citation en justice.

53. N'y a-t-il pas des *délais plus prolongés* à l'égard des Lettres de change payables hors du territoire continental de la France, souscrites par des individus résidans en France? Les Lettres de change tirées de France et payables hors du territoire continental de la France, en Europe, étant protestées, les Tireurs et Endosseurs résidans en France seront poursuivis dans les délais ci-après : de *deux mois* pour celles qui étaient payables en Corse, dans l'île d'Elbe ou de Capraja, en Angleterre et dans les États limitrophes de la France; de *quatre mois* pour celles qui étaient payables dans les autres Etats de l'Europe; de *six mois* pour celles qui étaient payables aux Echelles du Levant et sur les côtes septentrionales de l'Afrique; d'*un an* pour celles qui étaient payables aux côtes occidentales de l'Afrique, jusques et compris le Cap de Bonne-Espérance, et dans les Indes occidentales; de *deux ans* pour celles qui étaient payables dans les Indes orientales. Ces délais seront observés dans les mêmes proportions pour le recours à exercer contre les Tireurs et Endosseurs résidans dans les possessions françaises situées hors d'Europe. Les délais ci-dessus, de six mois, d'un an et de deux ans, seront doublés en temps de guerre maritime.

54. Si le Porteur, et, après lui, les endosseurs, ont *manqué d'agir?* Après l'expiration des délais marqués aux questions nomb. 50, 51, 52 et 53, pour la présentation de la Lettre de change à vue, ou à un ou plusieurs jours, ou mois, ou usances de vue, pour le Protêt faute de paiement, pour l'exercice de l'action en garantie, le Porteur de la Lettre de change est dé-

chu de tous droits contre les Endosseurs. Les Endosseurs sont également déchus de toute action en garantie contre leurs Cédans, après les délais ci-dessus prescrits, chacun en ce qui le concerne. La même déchéance a lieu contre le Porteur et les Endosseurs, à l'égard du Tireur lui-même, si ce dernier justifie qu'il y avait provision à l'échéance de la Lettre de change. Le Porteur, en ce cas, ne conserve d'action que contre celui sur qui la Lettre était tirée. Les effets de la déchéance dont il s'agit cessent en faveur du Porteur, contre le Tireur, ou contre celui des Endosseurs qui, après l'expiration des délais fixés pour le protêt, la notification du protêt ou la citation en jugement, a reçu par compte, compensation ou autrement, les fonds destinés au paiement de la Lettre de change.

55. Le Porteur est-il autorisé à faire des *actes conservatoires* pour assurer ses droits ? Indépendamment des formalités prescrites pour l'exercice de l'action en garantie, le Porteur d'une Lettre de change protestée faute de paiement peut, en obtenant la permission du Juge, saisir conservatoirement les effets mobiliers des Tireur, Accepteurs et Endosseurs.

§ IX. — *Du Protêt.*

56. Qu'est-ce que le *protêt* dont vous avez eu occasion de parler plusieurs fois dans ce chapitre ? C'est un acte par lequel le Tiré d'une Lettre de change est sommé de l'accepter ou de la payer, et où son refus est constaté. Dans le premier cas, le protêt est fait faute d'acceptation, et dans le second, il a lieu faute de paiement. L'acte de protêt est du ministère des Notaires et des Huissiers. Il est inutile d'en retracer ici la forme : elle est simple ; elle est d'ailleurs très-familière aux officiers ministériels chargés de la confection des protêts.

§ X. — *De la Lettre de change réputée simple promesse.*

57. Dans quels cas une Lettre de change peut-elle être *réputée simple promesse ;* et ainsi réduite, quel caractère conserve-t-elle ? Lorsque la Lettre contient supposition soit de nom, soit de qualité, soit de domicile, soit du lieu d'où elle est tirée, ou dans lequel elle est payable, elle est réputée par la loi

simple promesse. La Lettre ainsi dépouillée de son caractère apparent se transforme en Billet simple ou Billet à ordre, ou Mandat, selon qu'elle a été négociée ou non. C'est, au surplus, le Tribunal devant lequel le caractère de la Lettre est contesté qui en détermine la transformation. Voir les questions nomb. 25 et 68.

58. Quel *intérêt* peut-on avoir à *contester le caractère* de la Lettre de change pour la faire déclarer simple promesse ? Toute personne, commerçante ou non, qui signe, à quelque titre que ce soit, une Lettre de change, se soumet par-là même à la juridiction commerciale et à la contrainte par corps, tandis que, s'il s'agissait de tout autre écrit, les Commerçans seulement seraient soumis à cette contrainte, et non ceux qui ne seraient pas Commerçans, à moins qu'il ne s'agît, de la part de ceux-ci, de quelque acte de commerce. D'après cela, l'intérêt du Non-Commerçant qui se trouve engagé d'une manière quelconque au paiement d'une Lettre change se manifeste suffisamment. En faisant donc réduire la Lettre aux termes d'une simple promesse, il se dégage de la soumissission à la contrainte par corps.

59. N'y a-t-il pas *une exception,* en faveur des Femmes, des Filles et des Mineurs qui auraient signé des Lettres de change, à ce qui est dit à la question précédente? Oui. D'abord, à l'égard des Femmes mariées, des Veuves et des Filles, la Lettre de change revêtue de leurs signatures, à quelque titre que ce soit, ne vaut que comme simple promesse, à moins qu'elles ne soient Négociantes ou Marchandes publiques. Observez même qu'à l'égard de la Femme mariée, Négociante ou Marchande publique, la Lettre serait tout-à-fait nulle si elle l'avait souscrite sans l'autorisation de son Mari. A l'égard des Mineurs non Commerçans, il y aurait pareillement nullité. Mais comme personne ne peut s'enrichir aux dépens d'autrui, ceux au profit desquels la nullité serait prononcée seraient obligés de tenir compte de ce qu'ils auraient pu recevoir, s'il était prouvé que ce qui a été touché par eux a tourné à leur profit par un emploi utile. Appliquez ici les remarques étant en suite du mo-

dèle du Billet simple n° 7, sur l'effet des engagemens pour dettes souscrits par des Femmes non mariées.

§ XI. — *De la Retraite et du Rechange.*

60. Qu'est-ce que la *retraite?* C'est une nouvelle Lettre de change, au moyen de laquelle le Porteur se rembourse, sur le Tireur ou sur l'un des Endosseurs, du principal de la Lettre protestée, de ses frais et du nouveau change qu'il paie. Ainsi s'effectue le *rechange.* Il est rare qu'on ait recours à la retraite : le plus souvent, après le protêt, le Porteur reçoit satisfaction par des moyens amiables.

61. Comment se règle le *rechange?* A l'égard du Tireur, il se règle par le cours du change du lieu où la Lettre de change était payable sur le lieu d'où elle a été tirée. A l'égard des Endosseurs, il se règle par le cours du change du lieu où la Lettre de change a été remise ou négociée par eux sur le lieu où le remboursement s'effectue.

62. Quelles pièces doivent accompagner la *retraite ?* Le compte de retour, la Lettre de change protestée, le protêt ou une expédition de l'acte de protêt; et si la retraite n'est pas dirigée directement sur le Tireur, il faut y joindre un certificat qui constate le cours du change du lieu où la Lettre de change était payable sur le lieu où elle a été tirée.

63. Peut-il être fait *plusieurs comptes de retour* sur la même Lettre de change? Non, le compte de retour est remboursé d'Endosseur à Endosseur respectivement, et définitivement par le Tireur. Les rechanges ne peuvent être cumulés. Chaque Endosseur n'en supporte qu'un seul, ainsi que le Tireur.

64. Le Porteur peut-il *employer,* dans le compte de retour, *l'intérêt* du principal de la Lettre? Oui, et cet intérêt est dû à compter du jour du protêt. A l'égard de l'intérêt des frais de protêt, rechange et autres frais légitimes, cet intérêt n'est dû qu'à compter du jour de la demande en justice.

65. L'*emploi* du moyen de la *retraite* dispense-t-il des

poursuites pour assurer le recours du Tireur? Non : la retraite ne peut être considérée que comme un moyen offert au Porteur de se procurer promptement de l'argent. Ainsi, nonobstant la voie de la retraite, le Porteur doit faire les diligences pour conserver et assurer ses droits, comme nous l'avons dit au paragraphe 8.

§ XII. — *De la Prescription.*

66. Par quel laps de temps se *prescrivent* les actions relatives aux Lettres de change? Elles se prescrivent par cinq ans, à compter du jour du protêt ou de la dernière poursuite juridique, s'il n'y a eu condamnation, ou si la dette n'a été reconnue par acte séparé. Cette prescription de cinq ans court contre les Mineurs et autres Successeurs des Signataires, qui seraient incapables d'agir. S'il n'y avait eu ni protêt ni poursuites juridiques dans les cinq ans, à compter du lendemain de l'échéance, la prescription se trouverait également acquise. Remarquez que les prétendus Débiteurs sont tenus, s'ils en sont requis, d'affirmer, sous serment, qu'ils ne sont plus redevables; et leurs Veuves, Héritiers ou Ayant-cause, qu'ils estiment de bonne foi qu'il n'est plus rien dû.

§ XIII. — *Des Tribunaux compétans en matière de Lettres de change.*

67. Quels *Tribunaux* sont compétens pour connaître des demandes relatives aux Lettres de change? Les Tribunaux de commerce, soit que ces Lettres émanent ou soient signées de Commerçans ou non, et qu'elles aient pour objet des actes de commerce ou non. Ces Tribunaux, à l'appui des condamnations qui font la matière de leurs jugemens, prononceront la contrainte par corps, lorsqu'il y est conclu, ce qui arrive toujours. Remarquez cependant que les condamnations qui seraient prononcées contre des personnes de la qualité indiquée dans la question nomb. 59, qui se trouveraient figurer, à quelque titre que ce fût, dans la Lettre de change, ne pourraient être accompagnées de celle de la contrainte par corps. Le Tireur ou l'Endosseur poursuivi individuellement en recours par le Porteur doit être assigné devant le Tribunal de son domi-

cile ; le Porteur poursuivant le Tireur et un ou plusieurs Endosseurs collectivement peut les assigner devant le Tribunal du
domicile de l'un d'eux, à son choix.

68. Lorsque les Lettres de change seront réputées simples
promesses, comme il est prévu à la question nomb. 57, le
Tribunal de Commerce pourra-t-il en connaître ? Le Tribunal,
après avoir décidé que la Lettre doit n'être considérée que
comme simple promesse, sera tenu de renvoyer au Tribunal
civil, s'il en est requis par le défendeur, à moins qu'elle ne
porte une ou plusieurs signatures d'individus Commerçans, auquel cas le Tribunal de Commerce en connaîtra ; mais il ne
pourra prononcer la contrainte par corps contre les individus
non Commerçans, à moins qu'ils ne se soient engagés à l'occasion d'opérations de commerce, trafic, change, banque ou
courtage.

69. Les actions intentées contre un Propriétaire, Cultivateur
ou Vigneron, pour vente de denrées provenantes de son cru, et
celles intentées contre un Commerçant pour paiement de denrées et marchandises achetées pour son usage particulier, sont-
elles de la compétence des Tribunaux de Commerce ? Non.
Toutefois, les Billets souscrits par un Commerçant sont censés
faits pour son commerce, et ceux des Receveurs, Payeurs, Per-
cepteurs ou autres Comptables de deniers publics, que la loi
assimile aux Commerçans, sont censés faits pour leur gestion
lorsqu'une autre cause n'y est point énoncée. Ainsi, dans ces
circonstances, le Tribunal de Commerce est compétent.

Nº 1er. MODÈLE d'une LETTRE de CHANGE par première, conçue dans les termes les plus simples.

Formules de Lettres de Change. SECTION II. (66)

Nº 1er. MODÈLE d'une LETTRE de CHANGE par première, conçue dans les termes les plus simples.

Paris, le premier novembre 1824.

B. P. F. 2000.

Au premier janvier prochain; payez par cette première de Change, à l'Ordre de M. Abel, la somme de DEUX MILLE FRANCS, valeur reçue comptant, que passerez suivant l'avis de

Benoit.

A Mr Cadot,

Négociant, rue l'Archer, nº 8, à Bordeaux.

REMARQUES. — 1º Si *Abel*, Preneur de la Lettre, veut la négocier par la voie de l'endossement, il le peut. Voyez à ce sujet les questions nomb. 34, 35 et 36.

2º L'échéance est fixée au 1er janvier; c'est un jour de fête légale : voyez la question nomb. 14.

3º Si, outre le protèt faute d'acceptation ou de paiement, il y a lieu pour le Porteur de se pourvoir en justice, n'ayant pas reçu amiablement satisfaction, le Tribunal compétent est celui de Commerce : voyez la question nombre 67. Les condamnations obtenues sur Lettres de change ont toujours pour accessoire celle de la contrainte par corps, suivant les conclusions du Demandeur.

4º Voyez les questions nombre 26, 27, 29 et 30, chap. 1er, section 1re, touchant l'approbation des renvois, des mots rayés, et les acquits pour solde et à valoir; elles sont applicables à la Lettre de change.

N° 2. MODÈLE d'une LETTRE DE CHANGE par seconde, pour envoyer à l'acceptation.

Paris, le premier novembre 1824.

B. P. F. 2000.
ooooooooooooooooooo

Au premier janvier prochain, payez par cette seconde de Change, à l'ordre de M. Abel, la somme de DEUX MILLE FRANCS, valeur reçue comptant, que passerez sans autre avis de

Benoit.

A Mr Cadot,
Négociant, rue l'Archer, n° 8, à Bordeaux.

REMARQUES. — 1° Cette Lettre de change par *seconde* est un nouvel exemplaire de la Lettre modèle n° 1er. Nous supposons que le Tireur lui-même, et sans la participation du Preneur, doit faire passer cet exemplaire par voie de correspondance pour être présenté à l'acceptation du Tiré. Cette acceptation étant donnée, ce même exemplaire devra rester entre les mains d'un Correspondant sur les lieux, pour être présenté à l'échéance concurremment avec celui par *première*, qui le sera par le Porteur. Voir la question nomb. 22.

2° Si le Tiré refusait d'accepter l'exemplaire à lui transmis, le Tireur comprendrait suffisamment que celui qui serait présenté ultérieurement par le Porteur aurait le même sort. Alors, pour éviter des frais, s'il croyait qu'il y eût de son intérêt, il devrait, lors du protêt faute d'acceptation ou de paiement, faire payer la Lettre par l'intervention de quelqu'un, sauf à exercer directement les droits qu'il pourrait prétendre contre le Tiré.

Nº 3. MODÈLE d'une LETTRE de CHANGE à tant de jours de date. — *Son acceptation.*

Nantes, le dix janvier 1825.

B. P. F. 1200.

A vingt cinq jours de date, payez par cette première de Change, à l'ordre de Mr Darban, la somme de DOUZE CENTS FRANCS, valeur reçue en marchandises, que passerez suivant l'avis de

Edouard.

A M. Foulard,
Marchand de bois, rue du Four, à Caen.

Accepté pour *Douze cents Francs.*
FOULARD.

REMARQUES. — 1º L'échéance de la Lettre de ce modèle étant à 25 jours de date du 10 janvier, et ce mois ayant 31 jours, l'échéance, disons-nous, aura lieu le 4 février ; le protêt devra être fait le 5, s'il doit avoir lieu, parce que le 25ᵉ jour du terme, non compris celui de la date de la Lettre de change, est le jour de l'échéance ou du paiement, ce qui est la même chose.

2" La Lettre est revêtue de l'acceptation du Tiré, soit parce qu'il pouvait être à Nantes au moment de la création de la Lettre, soit que le Tireur même avant de la livrer au Preneur l'ait soumise à l'acceptation, soit parce que le porteur, étant arrivé à Caen avant l'échéance, l'a présentée à l'acceptation. L'expression *accepté,* et signée, serait suffisante ; mais il est prudent à l'Accepteur de répéter la somme portée dans la Lettre : par-là, il ne peut craindre qu'elle soit falsifiée dans la somme qu'elle contient.

N° 4. MODÈLE d'une LETTRE DE CHANGE à tant de mois de date. — Domicile indiqué par l'accepta-tion. — Monnaie de billon.

B. P. F. 1000.
ooooooooooooooo

Rouen, le vingt-huit février 1825.

A trois mois de date, payez par cette première de Change, à l'ordre de M' Ginot, au domicile que vous lui indiquerez, à Poitiers, la somme de MILLE FRANCS, dans laquelle vous pourrez faire entrer cent francs en monnaie de Billon, valeur en compte, que passerez suivant l'avis de

Grobert.

A M' Henry,

Marchand de Bœufs, rue des Moineaux, n° 5, à Niort.

Accepté pour *Mille Francs*, à payer, chez M....,
rue aux Ours, n° 7, à Poitiers.   HENRY.

REMARQUES. — 1° L'échéance de cette Lettre, étant à 3 mois de date du 28 février, aura lieu le 28 mai, et sera protestable le 29. Quoique le 28 février soit le dernier jour du mois, l'échéance ne doit pas se reporter au 31 mai.

2° Touchant le domicile à indiquer par le Tiré dans son acceptation, et la faculté d'employer au paiement une partie en billon, voyez les questions nomb. 32 et 59.

3° Le paiement d'une Lettre de change doit avoir lieu fixement à son échéance; il ne doit pas être anticipé, au moins cette anticipation pourrait être préjudiciable au Tiré. A défaut de paiement, le Porteur n'est dispensé du protêt faute de paiement ni par le protêt faute d'acceptation, ni par la mort ou faillite du Tiré : dans le cas de faillite de l'Accepteur avant l'échéance, le Porteur peut faire protester et exercer son recours.

Nº 5. **MODÈLE** d'une **LETTRE DE CHANGE** à usance. — *Valeur en recouvrement.* — *Acceptation partielle.*

Le Havre, douze février 1825.

B. P. F. 2000
00000000000000

À deux usances de date, payez par cette première de Change, à l'ordre de Mʳ Joli, la somme de DEUX MILLE FRANCS, valeur reçue comptant en recouvrement pour lui & pour solde, que passerez suivant l'avis de

À M. Morin.

Notaire, rue ....., à Orléans.

Accepté pour *Quinze cents Francs.*
MORIN.

Lory.

REMARQUES. — 1º L'échéance de la Lettre de ce modèle aura lieu le 13 avril 1825, d'après le principe de la remarque nº 1ᵉʳ, étant en suite du modèle nº 3; voici comment : février a 28 jours; de 28 ôter 12 reste 16 jours; à quoi ajoutant les 31 jours de mars et les 13 premiers d'avril, total, 60 jours pour deux usances, l'usance étant de 30 jours. A défaut de paiement le 13 avril, le protêt faute de paiement devra être fait le 14.

2º On suppose que le Porteur a présenté la Lettre à l'acceptation, et que le Tiré n'a fait qu'une acceptation partielle pour 1500 fr. Le Porteur doit faire protester la Lettre faute d'acceptation pour les 500 fr. d'excédant : cela est de rigueur.

3º Si, lors de l'échéance, le Tiré n'offrait qu'un paiement partiel, égal, supérieur ou inférieur à la somme pour laquelle il a accepté la Lettre, le Porteur serait-il obligé de le recevoir et de diviser ainsi sa créance ? L'affirmative paraît résulter de l'art. 156 du Code de Commerce. La Lettre doit être protestée pour ce qui resterait dû : cela est également de rigueur.

N° 6. MODÈLE d'une LETTRE DE CHANGE souscrite d'un aval.

(71)

Falaise, le premier mars 1825.   B. P. F. 3000.

En foire dite de la Fête-Dieu d'Angers, payez par cette première de Change, à l'ordre de Mr Houet, la somme de TROIS MILLE FRANCS, valeur entendue, que passerez suivant l'avis de

A M. Pinçon.   Orgon.

Tanneur, rue ....., à Angers.   Pour aval de *Trois mille Francs.*
                                                              QUÉNEL.

REMARQUES. — 1° Sur l'échéance en *foire*, voyez la question nomb. 13, et sur *valeur entendue*, voyez la question nomb. 18.

2° Sur l'aval, voyez la question nomb. 37. L'aval, dans ce modèle, s'appliquant au Tireur, on a soin de le souscrire au-dessous de sa signature ; s'il était donné pour le Tiré, il faudrait le placer au-dessous de l'adresse ; enfin, s'il était donné pour un Endosseur, il faudrait placer l'aval immédiatement après la signature de cet Endosseur. Si on n'observe pas ces dispositions, il faut que le Donneur d'aval nomme la personne à laquelle il entend l'appliquer ; dans ce cas, il faudrait écrire : « Pour aval de *tant*, en faveur de Mr *Let.* » L'aval, n'étant qu'un engagement accessoire, pourrait être d'une somme inférieure à celle portée dans la Lettre. Le Donneur d'aval pourrait prendre un délai plus éloigné que celui de l'échéance ; il pourrait déclarer que son aval n'aura l'effet que d'un cautionnement simple et non solidaire, etc,

Nº 7. MODÈLE de LETTRE DE CHANGE à tant de vue. — *Acceptation datée.*

Orléans, le huit mars 1825.

B. P. F. 4000.
00000000000000

A vingt jours de vue, payez par cette première de Change, à l'ordre de Mʳ Peigault, la somme de QUATRE MILLE FRANCS, *valeur reçue en une quittance de vente de biens immeubles, que passerez suivant l'avis de*

Simon.

A Mʳ Thomas,
Boucher, rue ...., nº ...., à Paris.

Accepté pour *Quatre mille Francs,*
Paris, ce dix-sept mars 1825.
THOMAS.

REMARQUES. — 1º L'acceptation est datée à ce modèle, ce qui ne s'est pas vu dans ceux précédens : c'est parce qu'ici la Lettre est à *tant* de vue. La date de l'acceptation étant du 17 mars, l'échéance sera le 6 avril, et le protêt faute de paiement devrait avoir lieu le 7. *Quid* si l'acceptation n'était pas datée ? L'échéance devant être alors calculée du jour de la date de la Lettre, elle serait le 28 mars, et le jour du protêt faute de paiement, le 29. Voyez les questions nomb. 13 et 28.

2º La Lettre étant tirée en France, payable en France, à *tant de vue*, il faut qu'elle soit présentée à l'acceptation dans les 6 mois de sa date : ici, ce serait le 8 septembre au plus tard, et à défaut d'acceptation, elle devrait être protestée, à peine par le Porteur de perdre tout recours contre les Endosseurs, et même contre le Tireur, si celui-ci avait fait provision. La présentation à l'acceptation et le protêt faute d'acceptation sont donc ici de rigueur. Si la Lettre était simplement à vue, et qu'elle ne fût pas payée à présentation, il faudrait la faire protester faute de paiement.

N° 8. Modèle d'une Lettre de Change à tant de vue, payable au domicile d'un tiers indiqué par le Tireur. — Tiré auxiliaire.

Paris, le douze mars 1825.

B. P. F. 1500.

A un mois de vue, payez par cette première de Change, à l'ordre de M' Usson, & au domicile de M' Viot, rue ...., n° ...., à Versailles, la somme de QUINZE CENTS FRANCS, *valeur reçue en une quittance de loyer, que passerez, suivant avis de*

Yvon.

A M' Zénon,

Propr^{re}, rue ...., n° ...., à Saint-Cloud,
Et au besoin, à M' Zacharie, rue ...., n° ...., à Versailles.

REMARQUES. — 1° La Lettre doit être présentée à *Zénon*, pour l'acceptation, à son domicile à Saint-Cloud ; à défaut d'acceptation, protêt. Ensuite elle est présentée à *Zacharie*, a son domicile à Versailles ; à défaut d'acceptation, protêt. Supposons que le protêt fait à *Zénon* soit du 15 mars, cet acte aura fixé l'échéance de la Lettre à son égard au 25 du même mois ; à défaut de paiement ce jour 25, protêt faute de paiement contre *Zénon* le 26. Supposons encore que le protêt fait à *Zacharie* soit du 18 mars, l'échéance à son égard sera le 28 ; à défaut de paiement ce jour 28, protêt faute de paiement contre le dernier le 29. Les deux protêts faute de paiement devraient avoir lieu au domicile de *Viot* à Versailles.

2° Voyez la question nomb. 16.

Nᵒ 9. **Modèle** d'une **Lettre de Change** à usance de vue. — Elle est tirée pour le compte d'un tiers.

Nancy, le vingt-quatre mars 1825.

B. P. F. 2400.

A une usance de vue, par ordre & pour le compte de Mᵣ Adam, négociant, à....., payez par cette première de Change, à l'ordre de Mᵣ Bordier, la somme de DEUX MILLE QUATRE CENTS FRANCS, valeur reçue en travaux d'architecture, que passerez, suivant l'avis de

Chardon.

A Mᵣ David,

Graveur, rue ...., nᵒ ...., à Paris.

REMARQUE. — Voyez la question nomb. 11.

N° 10. *MODÈLE d'une LETTRE de CHANGE à vue.— Retour sans frais.— Recommandation au Tiré, en cas de non-paiement, de déduire les causes de son refus.*

Rouen, le trente mars 1825.

B. P. F. 1600.

A vue, payez par cette première de Change, à l'ordre de Mʳ Enay, la somme de SEIZE CENTS FRANCS, valeur entendue, que passerez, suivant l'avis de

A Mʳ Galiot,

Limonadier, rue ...., n° ...., à Paris.

Frêlon.

Retour sans frais.

Le Tiré, en cas de non-paiement, est prié d'expliquer ici les motifs de son refus.

REMARQUES. — 1° La Lettre de change de ce modèle, étant à vue, doit être payée au moment de sa présentation. En cas de refus de paiement, il y aurait lieu non au protèt faute d'acceptation, mais bien à celui faute de paiement, qui devrait être fait au plus tard dans les 6 mois de la date de la Lettre, sous les peines portées à la remarque n° 2 étant en suite du modèle n° 7; mais ici le Tireur ayant recommandé le *retour sans frais*, il n'y a pas lieu à protèt.

2° Lorsque le Tireur a recommandé le retour sans frais, chacun des Endosseurs doit répéter cette recommandation. Si quelques uns d'eux ne l'avaient pas fait, et que le Porteur voulût conserver ses droits contre eux, il devrait avoir recours au protèt à défaut de paiement; mais la notification n'en serait nécessaire qu'à celui ou ceux des Endosseurs qui n'auraient pas écrit le *sans frais*. Les frais de poursuites ne tomberaient pas sur le Tireur, mais bien sur l'Endosseur qui aurait omis le *sans frais*.

3° En cas de non-paiement, le Porteur invitera le Tiré d'expliquer lui-même, s'il le veut bien, à la marge de la Lettre, la cause de son refus de paiement. Le porteur n'aura plus alors qu'à faire la retraite amicale de la Lettre.

Nº 11. Modèle d'une Lettre de Change à terme fixe. — *Valeur en moi-même.*

Lyon, ce quatre avril 1825.

B. P. F. 2000.

Au premier juin prochain, payez par cette première de Change, à mon ordre, la somme de Deux mille Francs, valeur en moi-même, que passerez, sans autre avis de

Bunel.

A Mr Juffé,

Fabriquant de toiles, rue ...., nº ...., à Laval.

Remarque. — Voyez la question nombre 21.

Nº 12. MODÈLE d'une LETTRE DE CHANGE par seconde. — Le paiement annulle l'Effet des autres.

Blois, le dix avril 1825.   B. P. F. 800.
oooooooooooooooo

Au premier juillet prochain, payez par cette seconde de Change, à l'ordre de M. Lionnel, la somme de HUIT CENTS FRANCS, valeur reçue comptant (Le paiement de cette Lettre annullera l'effet des autres.), que passerez, suivant l'avis de

Mirol.

A M. Haret,

Bijoutier, rue ...., nº ...., à Soissons.

REMARQUES. — 1º Voyez la question nomb. 43, qui traite de la circonstance où aucun des exemplaires de la Lettre n'a été revêtu de l'acceptation du tiré. Elle doit être appliquée si l'acceptation n'a pas eu lieu.

2º Voyez la question nomb. 44, qui traite de la circonstance où l'un des exemplaires, perdus, a été revêtu de l'acceptation du Tiré, et faites en ici l'application, nonobstant la disposition que *ce paiement annullera l'effet des autres.*

3º Voyez aussi les questions nomb. 46 et 47.

4º En disant que *ce paiement annullera l'effet des autres*, on exprime que cette annulation comprendra tant la *première* Lettre que les *troisième, quatrième,* qui pourraient être tirées ultérieurement.

Nº 15. Modèle d'une Lettre de Change faite par-devant Notaires.

Par-devant Mᵉ N.... et son Collègue, Notaires à Dijon, soussignés, est comparu :

Mʳ (*Prénoms, nom, profession. — Si c'est un commerçant, relater la patente, ou s'il n'en a pas, dire non encore pourvu de patente. — Demeure.*), lequel a requis, par cette première de Change, Mʳ Omel, Fabriquant de draps, à Sedan, de payer, le cinq juin prochain, à l'ordre de Mʳ Péel, la somme de *Mille Francs*, valeur reçue comptant, qu'il passera, sans autre avis du Tireur.

Fait à . . . ., en l'étude, l'an . . . ., le . . . .; et, après lecture faite, le Comparant a déclaré ne savoir signer, (OU) ne pouvoir signer, et qu'il en est empêché par . . . . . . *Indiquer la cause de l'empêche-ment.* Lesdits Notaires ont signé.

Sceau notarial.   *Signatures des Notaires.*

(78)

REMARQUES. — 1º La Lettre, quoique faite devant Notaire, doit être écrite sur papier au timbre proportionnel. Le Rédacteur doit faire en sorte de n'employer qu'un côté du papier, afin que l'autre puisse être consacré aux Endosseurs.

2º Cet acte doit être répertorié, et enregistré dans le délai ordinaire, comme tout autre acte, avant d'être délivré. Il doit être délivré en original.

3º La Lettre de change, quoique faite par acte notarié, ne doit pas contenir de stipulation d'hypothèque; elle ne doit être que l'image de celle qui serait souscrite et signée par le Tireur lui-même.

4º La légalisation, ainsi qu'elle est requise par la loi sur le notariat, n'est pas ici une formalité indispensable.

Nº 14. Modèle d'une Lettre de Change par retraite.

Bordeaux, le dix janvier 1825.

B. P. F. 2065 fr. 40 c.
0000000000000000000000

À vue, payez par cette première de change, à l'ordre de Mʳ Drouin, la somme de DEUX MILLE SOIXANTE-CINQ FRANCS QUARANTE CENTIMES, valeur reçue comptant, que passerez, suivant l'avis de

Biot.

À Mʳ Benoit,

Propriétaire, rue ...., nº ...., à Paris.

REMARQUES. — 1º La Lettre de change de ce modèle est faite par suite du défaut de paiement de celle nº 2. Voyez les questions nomb. 60 à 65, et à la page suivante, les modèles de comptes de retour.

2º La forme de cette Lettre de change faite par retraite ne diffère en rien, comme on le voit, de celles des précédentes.

Nº 15. *MODÈLES de COMPTES DE RETOUR destinés à accompagner une Lettre de Change-retraite, appliqués au modèle nº 2.*

Retraite par le Porteur sur le Tireur.

I. Compte de retour de la Lettre de change tirée par Mr Benoit, à Paris, sur Mr Cadot, à Bordeaux, en date du 1er novembre 1824, retraitée par M. Biot, Porteur, sur mondit sieur Benoit, Tireur.

1º Montant de la Lettre, ci	2000 fr.	» c.
2º Frais de protêt, ci	10	»
5º Etc.	»	»
Total, deux mille vingt-huit francs quinze centimes, ci	2028 fr.	15 c.
8º Prix du change de ce jour, de Bordeaux à Paris, à *tant* du o/o, ci	23	80
Total, deux mille cinquante et un fr. quatre-vingt-quinze centimes, ci . .	2051 fr.	95 c.

Certifié sincère et véritable par moi, Agent de change soussigné, conformément à la loi.

A Bordeaux, le 4 janvier 1825.

Ceylan.

Retraite par le Porteur sur un Endosseur.

II. Compte de retour de la Lettre de change tirée par Mr Benoit, de Paris, sur Mr Cadot, à Bordeaux, en date du

1er novembre 1824, retraitée par Mr Biot, Porteur, sur Mr Carlier, Endosseur.

1° Montant de la Lettre, ci. . . . . 2000 fr. »
2° Frais de protêt, ci . . . . 10 »
3° Etc. » »

Total, deux mille vingt-huit francs quinze centimes, ci. . . . . 2028 fr. 15 c.

8° Prix du change de ce jour, de Bordeaux à Besançon, où la Lettre a été négociée par Mr Carlier, à *tant* par o/o, ci. 18 40

Total, deux mille quarante-six francs cinquante-cinq centimes, ci . . . . 2046 fr. 55 c.

Certifié sincère et véritable . . . . . . *comme au premier compte.*

* * *

Certificat du cours de Bordeaux à Paris, qui doit être joint au compte II qui précède.

III. Je soussigné, Agent de change près la Bourse de Bordeaux, certifie que le cours du change de ce jour, de Bordeaux sur Paris, est de *tant* pour o/o. En foi de quoi j'ai donné ce certificat, conformément à la loi.

A Bordeaux, ce 4 janvier 1825,

Ceylan.

Retraite par un Endosseur sur le Tireur.

En suite du compte de retour II remis à l'Endosseur, mettez :

IV. Addition au compte de retour ci-dessus, par suite de la

retraite faite cejourd'hui par Mr Carlier, Endosseur, sur Mr Benoit, Tireur de la Lettre susrelatée.

1.° Le montant du compte ci-dessus est de. . . . 2046 fr. 55 c.

Sur quoi retranchant le prix du change de Bordeaux à Besançon, restant à la charge de Mr Carlier, ci. 18 . . 40

Reste. . . . . . 2028 fr. 15 c.

2° Etc. . . . . . *frais faits par Mr Carlier* . . . . . » . . . »

Total, deux mille trente-sept francs vingt centimes, ci. . . . . 2037 fr. 20 c.

5° Prix du change de ce jour, de Besançon à Paris, à *tant* par o/o, 25 fr. Cette somme étant supérieure au prix de change de Bordeaux à Paris, d'après le certificat du 4 janvier 1825, c'est le montant ainsi constaté de ce dernier cours qui doit être porté ici, ci. . . 23 . . 80

Total, deux mille soixante et un francs, ci. 2061 fr. . . »

Certifié . . . . . . *comme au compte* I. *S'il n'y a pas d'Agens de change, le certificat est donné par deux commerçans.*

REMARQUES. — 1° Si la retraite avait lieu dans une ville où il n'y eût pas de cours de change connu, il faudrait que le compte de retour fût rédigé et certifié dans la ville la plus voisine où il en existât un.

2° Si le prix de change de Besançon à Paris eût été d'une somme inférieure à 23 fr. 80 cent., qu'il n'eût été, par exemple, que de 20 fr., on n'aurait pas employé dans le compte qui précède les 23 fr. 80 cent. résultans du certificat, mais seulement les 20 fr. qui auraient formé le prix réel du change.

5° Comme c'est le total du compte de retour qui fixe le montant de la Lettre de change-retraite, il est sensible que ce compte doit être arrêté et certifié avant la confection de la Lettre.

Nᵒ 16. *Modèles d'Endossemens.*

I. *Payez à l'ordre de Mᵉ Albert, valeur reçue comptant. Nantes, le 8 mars 1825.*

Bénard.

II. *Payez à l'ordre de Mᵉ Canard, valeur reçue. Rouen, ce 20 mars 1825.*

Albert.

III.

Canard.

IV. *Payez à l'ordre de Mᵉ Edard, valeur en compte. Paris, 1ᵉʳ avril 1825.*

Drouin.

V.

Edard.
Sans frais.

VI.

Frayev.

REMARQUES. 1° Le premier endossement, étant régulier, produit le transport de la Lettre de change, et en rend *Albert* propriétaire.

2° Il n'en est pas de même du second, qui, n'exprimant point la nature de la valeur fournie, ne vaut que comme procuration. En conséquence, si *Canard* se trouvait le porteur de la Lettre au moment de l'échéance, le Tiré pourrait lui opposer la compensation de ce que pourrait lui devoir *Albert;* mais si *Canard* se trouvait personnellement Débiteur du Tiré, celui-ci ne pourrait pas lui opposer la compensation ; au moins *Canard* repousserait cette exception, fondé sur ce qu'il n'est que mandataire de *Albert,* resté propriétaire de la Lettre. La procuration résultante d'un endossement irrégulier vaut tant pour toucher le montant de l'effet que pour le négocier.

5° *Canard* passe la Lettre à *Drouin* par un endossement, consistant dans une simple signature : cet endossement ne valant que procuration, *Drouin* se trouve être un mandataire que *Canard* se substitue. Après l'échéance, *Albert,* si réellement il n'a pas reçu la valeur de *Canard,* s'adressera à lui pour en être rempli. Celui-ci peut s'adresser également à *Drouin,* s'il n'en a pas reçu la valeur. Remarquez que *Drouin* peut toutefois se mettre à l'abri de toutes demandes de la part de *Canard* en mettant un ordre régulier au-dessus de la signature de celui-ci, ordre qui ferait regarder *Drouin* comme propriétaire de la Lettre.

4° L'endossement donné par *Drouin* à *Edard* est régulier et translatif de la propriété de la Lettre.

5° L'endossement d'*Edard* à *Frayer* n'est qu'une procuration. *Voir les remarques n°ˢ 2 et 3 ci-dessus. Edard,* ayant ajouté *sans frais,* avertit le porteur qu'il le remboursera sans qu'il soit obligé de faire de protêt ni aucuns frais, et qu'en conséquence, il ne remboursera pas ceux qui seraient faits contre sa recommandation. Si la solvabilité de *Edard* ne rassurait pas complétement le Porteur, il n'en devrait pas moins, en cas de non-paiement, faire faire le protêt et les diligences contre le Tireur et les autres Endosseurs qui n'ont point recommandé le *retour sans frais.*

6° La loi défend d'antidater les ordres, à peine de faux.

CHAPITRE III.

Des Billets à ordre.

SECTION PREMIÈRE.

Règles sur les Billets à ordre.

1. Quels sont les *élémens constitutifs* du Billet a ordre ? Le Billet à ordre est daté; il énonce la somme à payer, le nom de celui à l'ordre de qui il est souscrit, l'époque à laquelle le paiement doit s'effectuer, la valeur qui a été fournie en espèces, en marchandises, en compte, ou de toute autre manière.

2. Quelle *différence* y a-t-il entre le Billet à ordre et le Billet simple? La différence la plus remarquable est que le Billet à ordre, comme la Lettre de change, se transmet, se cède par un simple écrit qu'on appelle endossement, change ainsi de propriétaire, et passe de main en main, comme une monnaie, tandis que, pour transmettre ou céder un Billet simple, il faut un transport, fait double, sous signatures privées ou par acte notarié, accepté par le Débiteur ou à lui signifié.

3. Quelle *différence* faites-vous entre un Billet à ordre et une Lettre de change? La différence est que, dans le Billet à ordre, l'auteur du Billet en est le Débiteur seul, qu'il n'y a pas remise de fonds de place en place, tandis que, dans la Lettre de change, un tiers est indiqué par le créateur de la Lettre, pour en acquitter le montant, et qu'il est essentiel qu'il y ait remise de fonds d'un lieu sur un autre.

4. Le *Bon* ou *Approuvé* en toutes lettres doit-il avoir lieu

dans les Billets à ordre comme dans les Billets simples ? Oui, et dans les mêmes cas. Ainsi, appliquez ici ce que nous avons dit à ce sujet, chap. 1er, *des Billets simples*, sect. 1re. Observez que l'*aval* donné au Billet à ordre est également *sujet* au *Bon* ou *Approuvé* en toutes lettres. *L'endossement* n'y est pas sujet.

5. Le Billet à ordre étant *négociable* à l'instar de la Lettre de change, les règles établies à l'égard de celle-ci s'appliquent-elles aux Billets à ordre? Oui : ainsi, les dispositions du chapitre 2, relatif aux Lettres de change concernant les expressions sur la valeur fournie, l'échéance, l'endossement, l'aval, la solidarité, le paiement direct et par intervention, les droits et devoirs du Porteur, le protêt, le rechange où les intérêts sont applicables aux Billets à ordre. Il n'y a lieu à protêt des Billets à ordre que lorsqu'ils ont été négociés par la voie de l'endossement, ou qu'ils sont souscrits d'aval.

6. Par quel laps de temps se *prescrivent* les actions relatives aux Billets à ordre? Par cinq ans ; mais il faut que les Billets à ordre soient souscrits par des Négocians, Marchands ou Banquiers, ou qu'ils aient pour objet des faits de commerce. Voyez le chap. II, sect. 1re, parag. 12, nomb. 66. Si les Billets à ordre n'étaient pas commerciaux, soit par la qualité des personnes, soit par leur objet; ils ne seraient donc pas soumis à la prescription de cinq ans, mais seulement à celle de trente ans, comme les Billets simples.

7. Quels *tribunaux* sont compétens pour connaître des demandes relatives aux Billets à ordre? Si les Billets sont signés par des Commerçans, ou par des Commerçans et des Non-Commerçans, le Tribunal de Commerce doit en connaître; mais il ne peut prononcer la contrainte par corps contre les individus non Commerçans, à moins qu'ils ne soient engagés à l'occasion d'opérations commerciales. Si les Billets à ordre ne portaient que des signatures d'individus non Commerçans, et n'avaient pas pour occasion des opérations de commerce, le Tribunal de Commerce devrait renvoyer la cause au Tribunal Civil, s'il en était requis par le Défendeur.

N° 1er. Modèle d'un Billet à ordre. — *Il est souscrit par un Marchand, et écrit par le Souscripteur, ou par un autre que lui.*

Nantes, le .... mil huit cent ....

B. P. 800 fr.

Au premier novembre prochain, je paierai, à l'ordre de M. A., la somme de HUIT CENTS FRANCS, valeur reçue comptant.

Reguier.

Marchand, à ...., rue ....

REMARQUES. — 1° En supposant que le Billet soit écrit par un autre que le Souscripteur, le *Bon* ou *Approuvé* n'est pas nécessaire, à cause de sa qualité de marchand.

2° En cas de non-paiement, le Débiteur *Régnier* serait soumis à la juridiction commerciale et à la contrainte par corps, quand il se rencontrerait que A., créancier, ne fût pas commerçant ; il devrait être assigné au Tribunal de Commerce de son domicile. Si le Demandeur poursuivait conjointement avec *Régnier* quelque Endosseur, le Demandeur aurait le choix d'assigner au domicile de l'un ou de l'autre du Débiteur *Régnier*, ou de l'un des Endosseurs poursuivis conjointement avec lui.

3° Les questions nomb. 26, 27, 29 et 30, chap. 1er, sect. 1re, touchant les renvois, l'approbation des mots rayés, les paiemens pour solde et ceux pour à-compte, sont applicables aux Billets à ordre.

N° 2. Modèle d'un Billet à Ordre. — Il est souscrit par un Marchand. — Aval.

Rouen, le . . . . . mil huit cent . . . .   B. P. 1000 fr.

À un mois de date, je paierai, à l'ordre de Mr B., la somme de MILLE FRANCS, valeur reçue en marchandises.

Pour aval de *Mille Francs* avec soumission à la contrainte par corps.

Drouet.

Cartier,
Marchand, à ....., rue .....

REMARQUES. — 1° Nous supposons que l'aval est écrit par *Drouet* lui-même, et qu'il n'est pas commerçant; s'il n'était pas écrit par lui, le *Bon* ou *Approuvé* de sa main eût été nécessaire, comme pour les Billets. *Drouet* a pu se soumettre à la contrainte par corps, *Cartier*, pour lequel l'aval est donné, étant commerçant; sans cette soumission spéciale, *Drouet* n'aurait pas été sujet à cette contrainte, n'étant pas commerçant.

2° Dans la confection des Billets à ordre, on remplace souvent l'aval par un autre genre de cautionnement, voici comment : *Pierre* doit à *Jacques*; *Joseph* se rend caution de *Pierre*; *Pierre* consent le Billet à ordre à *Joseph*, et celui-ci le passe à l'ordre de *Jacques*.

3° L'échéance de ce Billet étant à un mois de date, en supposant que cette date soit du 20 mai, l'échéance, disons-nous, aura lieu le 20 juin, le protêt devrait avoir lieu le lendemain 21.

N° 3. MODÈLE d'un BILLET à ORDRE souscrit par un Propriétaire et un Marchand. — Il est écrit par le Marchand ou par un tiers. — Monnaie de billon.

Hoche, le . . . . mil huit cent . . . .

B. P. 2000 fr.

A vue, nous nous obligeons solidairement de payer, à l'ordre de Mr B., en la demeure de PINGUET, l'un de nous, la somme de DEUX MILLE FRANCS, dont cent francs en monnaie de billon, valeur reçue en marchandises.

Bon pour Deux mille Francs.

Pinguet,

Propriétaire, à ...., rue ....

Menard,

Marchand, à ...., rue ....

REMARQUES. — 1° *Pinguet* et *Menard* sont débiteurs solidaires. — De la combinaison des articles 140 et 187 du Code de Commerce on pourrait inférer que la solidarité aurait lieu, encore qu'elle ne fût pas stipulée ; mais s'étant élevé quelques difficultés pour l'application de ces articles, dans le cas où l'un des Souscripteurs serait non-marchand, comme dans celui-ci-dessus, il est plus sûr de stipuler la solidarité, quand on veut qu'elle ait lieu.

2° Afin que le Créancier ou le Porteur du Billet sache positivement où s'adresser pour recevoir le montant du Billet, on doit fixer le lieu où il sera payé, surtout quand il y a plusieurs débiteurs.

3° Bien que *Pinguet* ne soit pas Commerçant de profession, il serait, en cas de poursuites, passible de la contrainte par corps, s'agissant ici d'un engagement non seulement pour marchandises, mais encore contracté par lui conjointement avec un Commerçant.

4° A défaut de paiement à présentation de ce Billet, étant à vue, le protêt devrait avoir lieu le lendemain.

Nº 4. MODÈLE d'un BILLET à ORDRE souscrit dans un lieu, et payable dans un autre. — Il est écrit par le Débiteur.

(90)

Paris, le . . . . . mil huit cent . . . . B. P. 1200 fc.

A une usance de date, je paierai à l'ordre de Mr D., à l'hôtel de ...., à Rennes, la somme de DOUZE CENTS FRANCS, valeur reçue comptant.

Surmil.

REMARQUES: — 1º On pourrait demander si *Surmil* n'aurait pas pu, dans cette espèce, faire usage de la Lettre de change, y ayant *remise de fonds de place en place*, le Billet étant souscrit à Paris, et devant être payé à Rennes. Notre réponse serait pour la négative. Nous regardons comme incompatibles les qualités de *Tireur* et de *Débiteur* ou *Tiré*, parce que l'on ne peut se *commander*, se *poursuivre* soi-même. Ici il n'y a pas de tiers qui soit appelé à payer; le Souscripteur du Billet est celui qui doit l'acquitter. A quoi pourrait d'ailleurs servir dans cette espèce la forme de la Lettre de change? A établir une situation forcée, et cela, en vue d'assujettir le Débiteur et les Endosseurs non Commerçans à la contrainte par corps. Le texte, et plus encore l'esprit de la loi, s'opposent à un pareil stratagème.

2º Le Billet à ordre, comme la Lettre de change, doit être présenté le jour de l'échéance pour être acquitté, et à défaut de paiement, protesté le lendemain. Le défaut de présentation à l'échéance ne ferait encourir au Porteur aucune déchéance, la loi n'en prononçant pas, sauf s'il était prouvé qu'il y eût dol ou collusion. Mais le défaut de protêt le lendemain de l'échéance lui ferait perdre, aux termes de la loi, tout recours contre les Endosseurs. On peut appliquer ici la règle *Qui de uno dicit de altero negat.*

Nº 5. MODÈLE d'un BILLET à ORDRE souscrit par un Marchand et sa Femme. — Le Billet est écrit par le Mari.

Chionville, le . . . . mil huit cent . . . .   B. P. 1000 fc.

A deux mois de vue, nous nous obligeons solidairement de payer à l'ordre de Mʳ D. la somme de MILLE FRANCS, valeur reçue comptant. Nous nous obligeons, sous la même solidarité, de payer l'intérêt à raison de six pour cent par an, lequel courra jusqu'au jour du paiement.

Rey,
Marchand, à ....

Bon pour Mille Francs.
Rose Gui, fᵐᵉ Rey.

REMARQUES. — 1º Au moment de la présentation de ce Billet aux Débiteurs, ils devront la constater comme il est dit à la remarque nº 2, en suite du modèle de Billet simple nº 4. En cas de refus, cette présentation devra être constatée par exploit du ministère d'un Huissier, dans la forme du protêt faute d'acceptation.

2º Si le Billet a été négocié, il sera de rigueur, s'il n'est pas rempli à l'échéance, de faire le protêt faute de paiement.

3º Touchant la solidarité, voyez ce que nous avons dit à la remarque nº 1ᵉʳ, étant en suite du Billet à ordre nº 3.

4º L'intérêt en matière de commerce peut être stipulé à 6 pour 100 : en conséquence, si un Commerçant prête de l'argent à un autre Commerçant, ou bien si un Marchand vend à un autre des marchandises à crédit, l'intérêt peut être stipulé à 6 pour cent.

Nᵒ 6. *MODÈLE d'un BILLET à ORDRE souscrit par une Femme mariée, Marchande publique. —*
Il est écrit par elle ou par un autre.

Verdun, le .... mil huit cent ....

B. P. 2000 fr.

A trois mois de ce jour, je paierai à l'ordre de Mʳ E. la somme de DEUX MILLE FRANCS, valeur reçue en marchandises.

Adélaïde Gros,
femme Pœnard.

REMARQUES. — 1ᵒ Une Femme Marchande publique peut, sans l'autorisation de son Mari, s'obliger pour ce qui concerne son négoce; et en s'obligeant elle-même, elle oblige aussi son mari, s'ils sont communs en biens.

2ᵒ Elle n'est pas réputée Marchande publique si elle ne fait que détailler les marchandises du commerce de son Mari; elle n'est considérée comme telle que quand elle fait un commerce séparé.

3ᵒ Les remarques que nous avons faites en suite du modèle nᵒ 7 des Billets simples, touchant ceux consentis par une Femme non mariée ou veuve, s'appliquent aux Billets à ordre comme aux Billets simples, la loi n'ayant pas établi de distinction.

N° 7. *Modèle d'un Billet à ordre fait devant Notaires.*

Pardevant M° F. et son Collègue, Notaires à ...., soussignés, est comparu
Mr (*Prénoms, nom, profession.* — *Si c'est un commerçant, relater la patente,* OU, *s'il n'en a pas, dire :*
non encore pourvu de patente. *Demeure.*), lequel s'est obligé de payer, à l'ordre de Mr H., la somme de
Quatre mille Francs, valeur reçue comptant.

Fait à ...., en l'étude, l'an ...., le ....; et, après lecture faite, le comparant a déclaré ne savoir signer
(OU) ne pouvoir signer, et qu'il en est empêché par .... *indiquer la cause de l'empêchement.* Lesdits Notaires
ont signé.

Signatures des Notaires.

Sceau notarial.

Nota. Voyez les remarques étant en suite du modèle n° 13 de Lettre de change devant Notaires, et appliquez-les ici.

CHAPITRE IV.

Du Mandat.

SECTION PREMIÈRE.

Règles sur le Mandat.

1. Qu'est-ce que le MANDAT ? Le Mandat, dans l'acception financière, est un écrit par lequel celui qui le donne mande à un tiers qu'il indique de payer à celui auquel le Mandat a été remis une certaine somme ou une certaine quantité de choses fongibles. Le plus souvent le Mandat est à ordre. On doit distinguer entre le Mandat simple et le Mandat-transport : le premier est celui qui ne porte pas que la valeur en a été reçue; le second est celui qui exprime que la valeur a été comptée. Mais le transport qui résulte de cette dernière circonstance n'est toujours que conditionnel, étant subordonné au paiement du Mandat.

2. Dans quelles *circonstances* peut-on donner un Mandat ? Le Mandat ayant pour objet le recouvrement d'une créance à faire sur un tiers, pour qu'il puisse raisonnablement avoir lieu, il faut ou avoir un crédit ouvert par écrit, ou au moins confidentiellement sur une maison, ou être créancier d'une somme liquide et exigible de la personne sur qui l'on donne un Mandat, ou que la personne sur qui le Mandat a lieu fasse des recettes pour celui qui l'a délivré.

3. Quel est l'effet des *endossemens du Mandat ?* Les endossemens du Mandat qui portent valeur reçue sont des procurations et en même temps des transports conditionnels, à cause de la valeur fournie; le transport conditionnel devient pur et simple par le paiement du Mandat. Les endossemens sans valeur reçue ne sont que des procurations; et lorsque le Porteur en

vertu d'un pareil endossement a reçu le montant du Mandat, il en est comptable envers celui qui le lui a confié. A l'égard de la valeur reconnue, soit au Mandat, soit aux endossemens, nous ne pensons pas que son indication soit de rigueur, comme dans la Lettre de change, pour produire son effet. Observez qu'il peut être valablement formé opposition au paiement du Mandat par des tiers, entre les mains de celui sur qui il est tiré, et que celui-ci peut opposer toutes compensations, parce que, vis-à-vis des tiers et du Débiteur même, le Mandat et ses endossemens avec ou sans valeur ne sont autre chose que des procurations, qui ne peuvent avoir l'effet de faire changer la créance de propriétaire à leur égard, ce qui ne pourrait avoir lieu que par un transport légalement signifié.

4. Si celui sur lequel le Mandat est donné *refuse de l'acquitter*, que doit faire le Porteur ? Le Porteur du Mandat, soit celui qui l'a reçu directement du Mandant, soit celui qui le tient par la voie de l'endossement, étant dans la catégorie d'un fondé de pouvoirs, qu'il y ait valeur fournie ou non, le Porteur, disons-nous, auquel le paiement serait refusé, doit faire constater ce refus par une sommation du ministère d'un huissier, à moins que le *retour sans frais* ne fût recommandé. Après la sommation, le Porteur fait le retour du Mandat au Mandant ou à l'Endosseur de qui il l'a reçu, et se fait restituer la valeur, s'il l'a fournie, en recevant le Mandat, avec les frais de la sommation.

5. Le Porteur doit-il faire la *sommation* à défaut de paiement le lendemain de l'échéance, comme cela se pratique pour le protêt en matière de Lettre de change ? Le Porteur ne doit point négliger de remplir cette simple formalité, ni de faire ensuite le retour du Mandat. Cependant, comme on ne doit pas argumenter de la Lettre de change à l'égard du Mandat, il n'est point de rigueur que la sommation ait lieu le lendemain de l'échéance.

6. Les *poursuites du Porteur* doivent-elles se borner à la sommation dont on vient de parler ? Nous pensons qu'en général on ne peut exiger davantage du Porteur. Cependant rien ne l'empêche de poursuivre le Débiteur du Mandat en justice,

quoique cela ne se pratique guère, parce qu'il est préférable pour le Porteur du Mandat de le retourner que d'engager une demande en condamnation contre le Débiteur, qui peut avoir des moyens pour la faire rejeter.

7. Le *Bon* ou *Approuvé* en toutes lettres est-il nécessaire pour la validité du Mandat ? Si le Mandat ne porte pas que la valeur en a été reçue, il n'est qu'une simple procuration, et le *Bon* ou *Approuvé* ne peut avoir lieu. Si, au contraire, le Mandat porte que la valeur en a été reçue, le Mandant étant dans le cas de restituer cette valeur, si le Mandat n'est pas acquitté, le *Bon* ou *Approuvé* en toutes lettres nous paraît nécessaire. Le Mandat, dans ce dernier cas, est constitutif d'une obligation unilatérale de la valeur reçue.

8. Quels sont les droits de *timbre* et d'*enregistrement* auxquels les Mandats sont assujettis? Tout Mandat négociable et tout Mandat non négociable qui est à terme ou tiré de place en place est soumis au droit de timbre proportionnel. Si le Mandat n'est ni négociable, ni à terme, ni tiré de place en place, il suffit qu'il soit écrit sur papier au timbre de dimension. Le droit d'enregistrement est d'un franc pour cent francs si le Mandat porte que celui qui l'a donné a reçu la valeur, parce qu'il y a transport conditionnel; si le Mandat ne porte pas de valeur reçue, le droit d'enregistrement ne doit être que de deux francs fixe, comme procuration. Le Mandat doit être soumis à la formalité de l'enregistrement avant toute sommation ni poursuite.

9. En cas de poursuites devant les *Tribunaux*, à raison d'un Mandat, quels sont ceux compétens? Il faut distinguer : si la poursuite a lieu contre celui sur qui le Mandat a été tiré, qu'il soit ou non Commerçant, la procédure devra être poursuivie civilement; il en devrait être de même si la restitution de la valeur était poursuivie contre l'auteur du Mandat, ou contre un Endosseur, Commerçant ou non, à moins que, l'auteur du Mandat ou l'Endosseur étant Commerçant, la valeur reçue ne soit exprimée en marchandises, auquel cas on pourrait se pourvoir à la juridiction commerciale, et il y aurait lieu conséquemment à la contrainte par corps.

SECTION II.

Formules de Mandats.

Nº 1ᵉʳ. MODÈLE de MANDAT sur une maison où le Mandant a un crédit ouvert.

Paris, le premier juin 1825.　　　　　　　MANDAT.　B. P. 1000 fr.

Au quinze du courant, il vous plaira payer par ce Mandat, à l'ordre de M. Artur, la somme de MILLE FRANCS, *valeur reçue comptant, que passerez, suivant l'avis de*

Bordieu.

A M. Couriot,
　Négociant, à .....

REMARQUES. — 1º Toutes les fois qu'il est dans l'intention de celui qui donne le Mandat qu'il y ait des poursuites, il doit l'expédier sur papier timbré. Le Porteur ne peut être obligé de faire l'avance des frais de timbre, amende de timbre et frais d'enregistrement, pour se mettre en état de poursuivre le Débiteur. Dans l'usage, on regarde que l'expédition du mandat sur papier non timbré équivaut à la recommandation de *retour sans frais.*

2º La maison qui a ouvert un crédit sur elle doit être en mesure de payer exactement, conformément aux conventions arrêtées, à peine de supporter tous frais de poursuites et les dommages et intérêts envers celui auquel le crédit a été ouvert.

5º Les questions nomb. 26, 27, 29 et 30, chap. 1ᵉʳ, sect. 1ʳᵉ, touchant les renvois, l'approbation des mots rayés, les paiemens pour solde et ceux pour à-compte, sont applicables aux Mandats.

N° 2. MODÈLE de MANDAT sur une maison où le Mandant n'a pas de crédit autorisé par écrit, mais où son papier est ordinairement accueilli.

Bordeaux, le cinq juin 1825.

MANDAT.   **B. P.** 2000 fr.

A dix jours de date, il vous plaira payer par ce Mandat, à l'ordre de M. David, la somme de DEUX MILLE FRANCS, *valeur reçue en marchandises ; quoi faisant, le soussigné sera votre débiteur de pareille somme, qu'il vous remboursera à votre volonté, avec l'intérêt à cinq pour cent, sur la représentation dudit Mandat, dûment quittancé, que passerez, sans autre avis de*

A M. Foliot,
Prop^{re}, à ....

Éron.

Retour sans frais.

REMARQUES. — 1° Il y a ici *retour sans frais*, et quand cette recommandation n'existerait pas, le Porteur devrait s'abstenir d'en faire aucuns, parce que le Mandat annonce lui-même que celui sur qui il est tiré ne doit rien au Mandant.

2° Si le Mandant n'écrivait pas lui-même le Mandat, et qu'il fût sujet au *Bon* ou *Approuvé* en toutes lettres, ainsi qu'il est expliqué au chap. 1er, sect. 1re, il devrait observer cette formalité, comme nous l'avons dit nomb. 7 de la section précédente, et en outre, parce que, si le mandat est accueilli, il se trouvera contenir une obligation unilatérale de la part du Mandant envers celui à qui il est adressé.

Nº 3. Modèle de MANDAT sur un débiteur du Mandant.

Niort, le dix juin 1825.   MANDAT.   B. P. 5oo fr.

A vue, il vous plaira payer par ce Mandat, à l'ordre de M. Garreau, la somme de CINQ CENTS FRANCS, valeur entendue; quoi faisant et en rapportant le présent mandat acquitté, vous demeurerez quitte envers le soussigné de pareille somme de cinq cents francs, que vous lui devez pour .... (OU) vous demeurez d'autant quitte envers le soussigné de pareille somme, à valoir sur celle de ...., que vous lui devez pour ....; et passerez, sans autre avis de

Hamelin.

A M. Jury,
Marchand, à ....

NOTA. — Voyez les nomb. 4, 5 et 6, sect. 1ʳᵉ, de ce chapitre.

Nº 4. Modèle de MANDAT sur un comptable.

MANDAT.   B. P. 3000 fr.

Paris, le vingt juin 1825.

A vue, il vous plaira payer par ce Mandat, à l'ordre de M. Lami, la somme de Trois mille Francs, *valeur qu'il me comptera après encaissement ; quoi faisant et en rapportant le présent Mandat quittancé, le montant vous en sera alloué dans le prochain compte que vous rendrez des recettes que vous faites pour le soussigné, laquelle somme vous passerez, sans autre avis de*

Maury.

A M. Lenoir,
Notaire, à .....

Retour sans frais.

En cas de non paiement, M. Lenoir est prié d'expliquer ici les motifs de son refus.

REMARQUES. — 1º Ce mandat est une procuration simple pour toucher la somme y contenue.

2º Au moyen de la recommandation d'effectuer le *retour sans frais*, le Porteur n'aura à demander, à défaut de paiement, à celui sur qui le mandat est tiré, qu'une simple explication de son refus. Si cette explication était refusée, le Porteur mettrait en suite de la note étant en marge : *a refusé de s'expliquer*, et il ferait le retour du mandat.

CHAPITRE V.

Du Billet au Porteur.

1. Qu'est-ce qu'un **Billet au porteur**? C'est un Billet contenant obligation de payer une certaine somme à celui qui en sera en possession, et qui n'indique aucun créancier.

2. Quelle *différence* y a-t il entre le Billet au porteur et le Billet à ordre? Ces deux sortes de Billets sont négociables ; mais ils se négocient d'une manière différente. Le Billet au porteur se transmet en passant de l'un à l'autre sans endossement, et par conséquent sans indiquer aucun de ceux qui l'ont eu en leur possession. L'endossement est nécessaire pour la transmission du Billet à ordre. Celui dont on reçoit un Billet au porteur n'est point garant du paiement; il demeure dans les termes d'un inconnu. Au lieu que le créateur et les Endosseurs du Billet à ordre sont les garans du Porteur ; ils sont en évidence.

3. Celui dont on reçoit un Billet au porteur n'étant pas *garant* du défaut de paiement, il importe donc à celui qui l'accepte que l'auteur du Billet soit solvable? Beaucoup. Mais comme on n'est obligé de recevoir aucun papier en paiement, en recevant un Billet au porteur, on peut exiger que celui dont on le reçoit l'endosse et s'oblige à la garantie de la solvabilité du créateur du Billet.

4. Le *Bon* ou *Approuvé* en toutes lettres de la somme portée au Billet au porteur est-il nécessaire? Oui, comme pour les Billets simples. Voy. le chap. Ier, sect. 1re.

5. A quels droits de *timbre* et d'*enregistrement* les Billets au porteur sont-ils soumis? Aux mêmes droits que les Billets à ordre. Voyez le chapitre préliminaire.

6. Celui qui a souscrit un Billet au porteur est-il soumis à la *juridiction commerciale* et à la contrainte par corps ? Si le Billet au porteur est souscrit par un Commerçant, ou si, étant souscrit par un Non-Commerçant, il a pour cause une opération de commerce, le Souscripteur sera soumis à la juridiction commerciale et à la contrainte par corps. Hors ces deux circonstances, le Souscripteur est justiciable des Tribunaux ordinaires.

MODÈLE de BILLET au PORTEUR. — *Il est écrit par le Débiteur.*

A Amiens, le 182

B. P. F. 1000.
0000000000000000

Bon pour Mille Francs que je paierai au Porteur le ...., valeur reçue comptant.

Armil.

REMARQUES. — 1° Si *Armil* est Commerçant, il sera susceptible d'être poursuivi devant le Tribunal de Commerce.

2° Si *Armil* n'exerçait pas la profession de Commerçant, il serait justiciable des Tribunaux ordinaires, car la valeur exprimée au Billet n'annonce qu'un emprunt. Or un Non-Commerçant ne peut être soumis à la juridiction commerciale pour un emprunt, sauf en matière de Lettre de change. Si le Billet portait que la valeur a été reçue en marchandises, *Armil*, quoique Non-Commerçant, serait soumis à la juridiction commerciale; il pourrait néanmoins la décliner, en prouvant que la marchandise qu'il a reçue était destinée à sa consommation, et non à être revendue.

3° Les questions nomb. 26, 27, 29 et 30, chap. 1er, section 1re, concernant les renvois, l'approbation des mots rayés, les paiemens pour solde et ceux pour à-compte, sont applicables aux Billets au Porteur.

CHAPITRE VI.

Règles pour les Locations et pour les Congés.

SECTION PREMIÈRE.

Des Locations.

1. Quel est le but qu'on se propose en contractant en général et particulièrement en traitant d'une LOCATION ? Dans toutes les conventions que l'on forme, on a évidemment en vue que ce qui est convenu soit exécuté ponctuellement. L'esprit est agité par le désir de conclure une affaire ; sa conclusion est presque toujours accompagnée de débats que l'intérêt fait naître, parce qu'ils ont lieu sur le prix de la chose qui fait la matière du contrat en discussion. Ce contrat arrêté, l'espèce de préoccupation qui existait cesse ; l'état de tranquillité a suivi la formation du contrat, dans la confiance qu'il recevra son exécution. Un propriétaire ne laissarait donc pas d'être fort contrarié de l'inconstance ou de la légèreté de celui qui, après lui avoir loué un appartement, quoique sans écrit, comme cela se pratique généralement à Paris, n'emménagerait pas au terme. Ce propriétaire serait bien fondé dans son mécontentement, puisque, n'y ayant pas d'écrit qui prouve la location, l'appartement resterait vacant, ce qui serait en pure perte pour lui. On pourrait dire la même chose, dans l'intérêt du Locataire, si le Propriétaire refusait de le recevoir à emménager. Observez que nous nous occupons ici presque spécialement des Locations d'appartemens, parce que communément on les fait sans écrit.

2. Mais, à Paris, n'y a-t-il pas *un usage* qui ne permet pas de se dispenser ainsi d'exécuter les Locations d'appartemens, quoique faites sans écrit ? La majeure partie des Propriétaires

et tous les Portiers vous diront qu'on est *bien lié* de part et
d'autre en louant ainsi , lorsque celui qui a pris la Location a
donné 2 ou 3 fr. au Portier de la maison pour denier d'adieu ;
qu'ainsi, à défaut par le Propriétaire de livrer l'appartement
au terme, ou à défaut par le Locataire d'aménager, il y a lieu
à indemnité de la part de l'un envers l'autre, laquelle doit être
égale au montant du prix d'un terme ou trimestre du loyer de
l'appartement; que, si l'on veut se dédire de la Location, il
faut que, dans les vingt-quatre heures, à compter du moment de la remise au Portier du denier d'adieu, l'argent de ce
denier d'adieu soit rendu, de la part du Propriétaire, à celui
qui a pris la Location, ou qu'il soit réclamé, dans le même
délai, par celui-ci : d'où il résulte qu'on a de part et d'autre
vingt-quatre heures pour réfléchir si on maintiendra la Location ou si l'on s'en départira. Voilà l'usage. Nous allons voir
tout à l'heure quelles sont les garanties qu'il peut offrir.

3. Déterminez donc l'étendue du *lien de droit* qui résulte de
la Location sans écrit qui se pratique dans l'usage ? Pour ré-
pondre à cette question, il faut consulter la loi sur cette matière. Or nous lisons au Code civil, art. 1715 : « Si le bail fait
« *sans écrit* n'a encore *reçu aucune exécution* , et que *l'une*
« des parties le NIE , la preuve *ne peut* en être *reçue par té-*
« *moins,* quelque modique qu'en soit le prix , et quoiqu'on
« allègue qu'il y a eu des *arrhes* données. Le SERMENT peut
« seulement être *déféré* à celui *qui* NIE le bail. » D'après ces
dispositions , on ne peut faire aucun doute que le Bail sans
écrit n'a pas d'autre garantie de son exécution que la *bonne foi*
des deux parties. Supposons maintenant qu'un individu ait
loué sans écrit d'un Propriétaire un appartement ; qu'il ait
donné le denier d'adieu au Portier, qu'il n'y ait pas eu de ré-
clamation dans les vingt-quatre heures, et que, le terme arrivé,
le prétendu Locataire n'aménage pas : le Propriétaire n'aura
d'autre voie à prendre que de le poursuivre en justice, pour le
faire condamner à occuper l'appartement, ou aux dommages et
intérêts. Si le Locataire n'est pas de bonne foi, à quoi il faudra
s'attendre, il dira qu'il n'a point arrêté définitivement le marché de la Location , sur quoi le serment pourra seulement lui

être déféré. Ce serait en vain que le propriétaire serait dans le cas de produire des témoins ; ce serait en vain qu'il opposerait le paiement du *denier d'adieu* : en matière de louage, le législateur, comme on vient de le voir, n'admet ni la preuve testimoniale, ni la dation d'arrhes. Ainsi, l'affirmation par serment de la non-existence du Bail étant donnée, le Propriétaire perdrait non seulement son terme, mais il supporterait en outre les frais du procès. Le même exemple peut être pris pour le cas où ce serait le Propriétaire qui refuserait de reconnaître le Bail sans écrit, et refuserait la remise de l'appartement qu'on prétendrait avoir pris de lui à location.

4. Lors même que le Bail sans écrit a été exécuté par l'entrée du Locataire dans l'appartement, s'il survenait entre lui et le Propriétaire une *contestation sur le prix* de la Location, comment devrait-il être statué? S'il n'y a pas encore eu de paiement, et qu'ainsi il n'y ait pas de quittance, le Propriétaire en sera cru sur son serment pour la détermination du prix du loyer, si mieux n'aime, le Locataire, demander l'estimation par experts, auquel cas les frais de l'expertise restent à sa charge si l'estimation excède le prix qu'il a déclaré. Lorsqu'il a été rédigé un écrit, un procès semblable ne peut être à craindre.

5. La *Location* ne serait-elle pas *suffisamment constatée* en la faisant souscrire par le Locataire sur un registre à ce destiné, que tiendrait le Propriétaire? Il est des Propriétaires et des Locataires principaux qui, ayant le sentiment du peu de solidité du Bail verbal de leurs appartemens, prétendent sans doute mettre plus de régularité dans leurs Locations en tenant un registre où il font inscrire et signer par ceux qui prennent leurs appartemens la convention du Bail ; mais cette précaution est illusoire, parce que le Bail, étant un contrat synallagmatique ou bilatéral, doit être fait double, et il doit contenir mention de cette formalité, sous peine de nullité. La simple inscription du Bail sur un registre, quoique signée du Locataire, ne peut donc avoir aucun effet.

6. Est-il une *voie à suivre* qui puisse être employée avec célérité pour assurer l'exécution des *Locations*? Oui. Un moyen

bien simple s'offre aux Propriétaires et aux Locataires pour remplir cet objet. Il suffit que le Propriétaire ou le Locataire principal ait en sa possession un certain nombre de formules de Baux sous signatures privées, imprimées sur le modèle que nous allons offrir. Le marché étant conclu, dans quelques minutes on poura remplir *soi-même* le modèle imprimé, et le souscrire en double original, dont un pour le Propriétaire et l'autre pour le Locataire de l'appartement loué. Comme nous raisonnons dans l'hypothèse où les parties ne veulent pas d'un Bail à temps limité, mais rester dans les termes d'une Location qui serait faite sans écrit, nous établirons le modèle dans ce sens que le Propriétaire et le Locataire pourront respectivement se donner congé, comme s'il n'y avait pas d'écrit.

7. Expliquez par des exemples *la forme et les effets* d'un Bail par écrit qui cependant laissera les parties dans les termes d'une location verbale? Eviter que l'appartement ne soit pas livré ou que le Locataire n'emménage pas au terme, éviter qu'il y ait contestation sur le prix du loyer, voilà ce que nous avons en vue en conseillant de ne pas se contenter de locations verbales. Ce but sera atteint, et les parties, comme nous l'avons dit, resteront, au surplus, dans les termes d'une location qui ne serait que verbale, en procédant ainsi : 1° Supposons qu'il s'agisse d'un appartement dont le loyer soit de 400 fr. et au-dessous; que le Bail soit fait pour un an, à commencer au terme du 1er janvier, avec faculté au Bailleur comme au Locataire d'en limiter la durée aux trois, six ou neuf premiers mois, en se donnant congé dans les délais fixés par l'usage. Si le Propriétaire ou le Locataire veut faire cesser le Bail au terme d'avril, de juillet ou d'octobre, il le pourra en donnant congé six semaines d'avance, comme s'il n'y avait pas d'écrit. Si la volonté du Propriétaire ou celle du Locataire sont que le Bail cesse au 1er janvier, comme ce Bail a été fait pour un an, il cessera naturellement et sans congé. Ainsi le Propriétaire pourra mettre écriteau six semaines à l'avance pour relouer au terme du 1er janvier. Si, au contraire, les parties désirent que la location continue d'avoir cours, pour éviter l'effet de l'expiration du bail écrit, qui vaut congé pour le terme de cette ex-

piration, il conviendra de détruire purement et simplement, en les lacérant en même temps, les deux doubles du bail. A ce moyen, la location, qui pouvait, avec l'écrit, cesser de terme en terme, continuera de demeurer sur le même pied après l'écrit détruit. Cet écrit, avant sa destruction, a rempli son but, savoir, d'avoir assuré la délivrance de l'appartement, d'avoir assuré l'emménagement du Locataire, et d'avoir fixé le prix de la location, qui désormais se trouve établi dans les quittances des termes expirés et payés. Si l'une ou l'autre des parties se refusait six semaines avant le terme de janvier à détruire, de concert, les deux originaux du bail, le Propriétaire devrait mettre écriteau, parce que, comme on l'a déjà dit, le bail cesserait de plein droit et sans congé au premier janvier. 2° En supposant qu'il s'agisse d'un appartement dont le loyer s'élève au delà de 400 fr., tout ce que nous venons de dire devrait être pareillement observé, sauf que le bail serait avec faculté d'en limiter la durée aux 6 ou 9 premiers mois, que le congé devrait être donné à trois mois, et que l'écriteau pourrait être également placé à 3 mois. Au moyen de la rédaction du Bail, si, au jour de l'entrée, le Propriétaire refusait de livrer l'appartement, ou que le Locataire n'emménageât pas, celui des deux qui manquerait ainsi à son engagement ne pourrait échapper à la condamnation aux dommages et intérêts au profit de l'autre, qui prouverait à la justice l'existence du Bail par la représentation du double original de l'écrit qu'il aurait entre les mains. Observez qu'avant d'arrêter l'écrit, il faut que les informations soient prises, si l'on veut en prendre, parce que, après l'écrit arrêté, il n'y aurait plus lieu à se dédire de part ni d'autre dans les vingt-quatre heures.

8. Ne pourrait-on pas opérer plus simplement en ne mettant dans le Bail *aucun terme limité d'expiration,* en disant, par exemple, que le Bail serait fait à commencer *à tel* terme, avec faculté respective au Propriétaire comme au Locataire d'en interrompre le cours, chacun à sa volonté, à l'un des quatre termes ordinaires de l'année, en se donnant congé dans les délais d'usage? Cette stipulation serait plus simple sans doute; mais un Bail qui serait conçu dans ces termes, et qui

serait, en cas de nécessité, soumis à la formalité de l'enregistrement, serait passible de droits égaux à ceux d'un Bail à vie,
qui sont considérables. Voilà pourquoi nous donnerons au
modèle un terme d'échéance, comme il est prévu à la question
précédente.

9. Dans la Location par écrit, au moyen de *modèles impri-
més*, ne pourrait-on pas trouver encore un *autre avantage ?*
Oui. Dans le cas, par exemple, où le Propriétaire irait passer
quelque temps à la campagne, il pourrait rédiger et signer les
deux originaux du Bail, et les remettre au Portier, qui ar-
rêterait le Bail avec le Locataire qui pourrait se présenter, en
remplissant les blancs laissés par le Propriétaire pour établir
les noms et demeure du Locataire, et pour mettre la date.

10. Si, avant l'entrée dans l'appartement, le Propriétaire ou
le Locataire vient à *décéder*, le Bail écrit ou non doit-il recevoir son exécution nonobstant cet événement? Oui. À l'égard
du Bail écrit, cette exécution aura lieu sans difficulté. Si c'est
le Propriétaire qui est décédé, il n'en faudra pas moins livrer
l'appartement. Si c'est le Locataire, l'appartement demeurera
à la charge de sa succession ; sa veuve et les héritiers devront
l'occuper ou le faire occuper, sauf à donner congé en observant
les délais d'usage. En ce qui touche le Bail sans écrit, si la
veuve ou les héritiers du Propriétaire ou Locataire ne recon-
naissaient pas le Bail, il suffirait de leur affirmation par serment qu'ils n'ont pas connaissance du Bail.

11. Quelles sont les *époques* du commencement et de la fin
des termes de location et celle de paiement des loyers? À Paris,
l'année se divise en quatre termes : le premier terme commence
le 1er janvier et finit le 31 mars; le second commence le 1er
avril et finit le 30 juin; le troisième commence le 1er juillet et
finit le 30 septembre, et le quatrième commence le 1er octobre et finit le 31 décembre. On fixe néanmoins le loyer à
raison de *tant* par an. Chaque terme ou trimestre de loyer est
dû le lendemain du jour de son expiration : ainsi, pour le
terme commencé le 1er janvier, le loyer est dû le 1er avril, et
des poursuites peuvent être valablement faites le lendemain 2.

Il ne faut pas s'arrêter à un prétendu usage d'après lequel on dit que le loyer d'un appartement de 400 fr. et au-dessous n'est exigible que dans la huitaine de l'échéance du terme, et que celui d'un appartement au-dessus de 400 fr. n'est exigible que dans la quinzaine aussi de l'échéance du terme : ces délais, qui s'accordent assez communément, il est vrai, ne sont dus qu'à la bonne volonté du Propriétaire. Le Locataire ne doit jamais omettre de retirer quittance à chaque paiement qu'il effectue.

12. Lors de *l'entrée du Locataire* en jouissance de l'appartement, quel doit être son premier soin? Il doit être de faire dresser, de concert avec le Propriétaire, un *état des lieux* où sera désigné chacun des objets composant la location, où doivent être constatées les réparations locatives à faire, s'il y en a, et où les choses manquantes dans chaque pièce soient indiquées, afin que plus tard on ne puisse supposer que ces réparations résultent de la jouissance commencée du Locataire, et que ce qui manque a été enlevé ou détruit par lui. Cet état devra être arrêté en double original et signé. Le Locataire devra immédiatement exiger que les réparations qui sont à faire soient exécutées. Ces réparations faites, il le reconnaîtra ensuite du double de l'état de lieux étant entre les mains du Propriétaire; il datera et signera cette reconnaissance. Remarquez que, dans les cas où il n'y aurait aucunes réparations à faire à l'appartement, et qu'aucune chose ne manquerait dans les pièces, comme s'il s'agissait, par exemple, d'un appartement dépendant d'une maison venant d'être bâtie à neuf, le Locataire n'aurait pas d'intérêt à ce que cet état eût lieu, et il pourrait se dispenser de l'exiger du Propriétaire qui ne le proposerait pas. Mais il serait dans l'intérêt de celui-ci qu'il eût lieu, parce que beaucoup de choses mobiles dépendantes de l'appartement pourraient être changées ou enlevées sans laisser de traces bien visibles de la substitution ou de l'enlèvement. Les glaces, qui ne sont qu'appliquées aux cheminées ou aux murs, et qui cependant font partie de l'appartement, pourraient, à défaut d'état de lieux où elles seraient constatées comme dépendantes de l'appartement, faire un objet de contestation, quant à leur propriété : car, n'étant qu'appliquées, elles pourraient, en cas

de discussion, être considérées comme appartenantes au Locataire, si elles étaient réclamées par lui ou par ses héritiers. En général, l'état de lieux ne doit être négligé ni de la part du Propriétaire ni de la part du Locataire.

14. A quels droits de timbre et d'enregistrement les Baux sont-ils soumis? 1° Les Baux sont soumis au timbre de dimension, c'est-à-dire qu'ils doivent être rédigés sur papier marqué ordinaire. S'ils étaient faits sur papier non timbré, et qu'il y eût nécessité d'en faire usage en justice, il faudrait les soumettre à la formalité de l'enregistrement, qui ne pourrait être donnée qu'au préalable le receveur ne l'eût visé pour timbre. Ce *visa* coûterait 5 fr. d'amende, et 50 centimes pour subvention de guerre, outre le droit de timbre. 2° A l'égard de l'enregistrement, si la nécessité d'y avoir recours s'était manifestée avant les trois mois de la date du Bail, et que cet enregistrement eût eu lieu dans le cours de ces trois mois, le droit serait de 25 centimes pour 100 francs sur le prix de l'année, si le Bail n'était que d'un an, ou sur le prix cumulé de toutes les années, s'il était fait pour plusieurs; plus, le dixième du droit pour subvention. Si le Bail n'était présenté à l'enregistrement qu'après les trois mois de sa date, le droit serait double. Pour le cas d'enregistrement dans les trois mois, un Bail de 1,000 fr. pour un an serait passible d'un droit d'enregistrement de 2 fr. 50 centimes, ce qui fait bien 25 centimes par 100 francs; plus, 25 centimes pour subvention : total, 2 fr. 75 centimes. Si le Bail était de deux ans, ce serait 5 francs 50 centimes; de trois ans, 8 francs 25 centimes. Et pour le cas d'enregistrement après les trois mois, ces droits seraient comptés au double. Lorsque le Bail contient un cautionnement, cette disposition accessoire donne lieu à la perception d'un demi-droit ou d'un demi double droit en sus, suivant que l'acte a été enregistré dans les trois mois ou après les trois mois.

Modèle de Bail d'un appartement à Paris.

Les soussignés, M. *Frédéric* ARNOUL, *propriétaire, demeu-rant à Paris, rue............, n°......,.....,* d'une part;

Et M. *Gabriel* BOISARD, *rentier, demeurant à Paris, rue ...., n° ....,* d'autre part;

Ont fait le contrat de LOUAGE dont la teneur suit :

M. ARNOUL a fait Bail à M. BOISARD,

pour un an, à commencer au terme du premier avril pro-chain, avec faculté respective aux soussignés d'en limiter la durée (*pour un loyer de 400 francs et au-dessous*) aux trois, six ou neuf premiers mois, (OU, *s'il s'agit d'un loyer au-dessus de 400 francs*) aux six ou neuf premiers mois, en se donnant congé dans les délais d'usage,

d'un appartement *au troisième au-dessus de l'entresol, sur le devant, escalier à droite, composé de six pièces et d'une chambre de domestique au cinquième, avec une cave, une remise pour une voiture et une écurie pour deux chevaux;*

dépendant, le tout, de la maison, rue ...., n° ....;

à commencer au terme du *premier avril prochain.*

Ce Bail est fait moyennant la somme de ....

de loyer par an, exigible par quartier, aux quatre termes or-dinaires de l'année;

plus, *cinq centimes pour franc, exigibles comme le loyer par quart, et le paiement de la contribution des portes et fe-nêtres.*

Le Bailleur délivrera les objets loués au preneur, qui en jouira en bon père de famille. Le Preneur tiendra les lieux meublés suffisamment pour la garantie du paiement du loyer; il fera les réparations locatives, et enfin il se conformera, dans sa jouissance, aux lois et règlemens auxquels les Locataires sont ordinairement tenus.

Fait double à Paris, ce 4 février mil huit cent vingt-cinq.

(Signatures.)

REMARQUE. Dans le cas de fautes à réparer dans la rédaction, et de mots rayés à approuver, voyez les questions 26 et 27, chap. 1er, section 1re, elles sont applicables ici.

Modèle du même Bail que le précédent à faire imprimer.

Les Soussignés,

d'une part;

Et

d'autre part;

Ont fait le contrat de LOUAGE dont la teneur suit :

Mᵣ   a fait Bail à Mᵣ

pour un an, à commencer au terme du

avec faculté respective aux soussignés d'en limiter la durée

aux   mois, en se donnant congé dans

les délais d'usage,

d'un appartement au

sur le   escalier

composé d

dépendant, le tout, de la maison, rue   nº

    Ce Bail est fait moyennant la somme de

de loyer par an, exigible par quartier, aux quatre termes or-

dinaires de l'année,

plus,

    Le Bailleur délivrera les objets loués au Preneur, qui en jouira en bon père de famille. Le Preneur tiendra les lieux meublés suffisamment pour la garantie du paiement du loyer; il fera les réparations locatives, et enfin il se conformera, dans sa jouissance, aux lois et règlemens auxquels les locataires sont ordinairement tenus.

    Fait double à Paris, ce quatre février mil huit cent vingt-cinq.

(Signatures.)

SECTION II.

Des Congés et des Réparations locatives.

1. Qu'est-ce qu'un *Congé* en matière de louage? Le Congé est un acte du ministère d'un huissier, par lequel le Propriétaire ou Locataire principal fait notifier au Locataire ou Sous-Locataire de cesser sa jouissance à titre de location de la chose qui lui a été donnée à Bail pour le terme indiqué; ou par lequel le Locataire ou Sous-Locataire fait au Propriétaire ou principal Locataire la notification qu'il cessera sa jouissance locative au terme également indiqué. Le Congé ne serait pas valable s'il n'était donné que verbalement.

2. Ne peut-on pas établir *le Congé sans avoir recours au ministère d'un huissier?* Sans doute. Le Propriétaire et le Locataire peuvent souscrire un acte en double original contenant Congé. Nous en donnons un modèle à la fin de cette section.

3. Un *Congé* écrit par le Propriétaire *dans une quittance* qu'il donne au Locataire ne serait-il pas suffisant? Il est des personnes qui se contentent de procéder ainsi; mais un pareil Congé, s'il était contesté, devrait être annulé. La quittance de loyer est un acte unilatéral, valablement souscrit par le créancier seul qui reçoit. Le Congé est un acte bilatéral, cela ne fait de doute pour personne. Ainsi, pour être valable, il faut qu'il soit fait en double original, avec mention de cette formalité. Pour être rédigé en suite d'une quittance ou dans son contexte même, le caractère unilatéral de la quittance ne se communique pas au Congé. Or, malgré que la quittance soit valable, le Congé ne l'est pas. La position du Propriétaire qui réclame l'exécution du prétendu Congé est, dans l'espèce, de n'en pouvoir prouver l'existence. Mais, nous dit-on, dès que la quittance qu'il a donnée au Locataire contient le Congé, le Propriétaire pourra le prouver par cette quittance même en en exigeant l'exhibition, à moins que le Locataire ne voulût payer un terme de plus et soustraire la Quittance-Congé. Nous allons voir tout à l'heure que ce n'est pas cela du tout. Que le Pro-

priétaire, pour faire valoir le Congé-Quittance, dise au Locataire : Il y a un congé convenu entre nous, — Le Locataire répondra : Représentez l'acte qui le contient. — Il est porté sur une quittance que je vous ai donnée. — Sur laquelle ? — Sur celle de *tel* terme : représentez-la. — Je ne reconnais pas le congé que vous m'opposez, qui toutefois devrait être un acte fait en doubles originaux, et je n'ai pas de quittance à vous représenter. — Payez-moi, dans ce cas, le terme. — Vous venez de dire que vous m'en avez donné quittance : je ne vous dois donc pas le terme que vous réclamez. On voit que le Propriétaire ne pourrait faire admettre sa prétention à la représentation de la Quittance-Congé, ni au double paiement du terme de loyer. Admettons d'une autre part que le Propriétaire, pour éviter l'aveu du paiement du terme, réclamât directement ce paiement, afin d'amener plus facilement le Locataire à représenter la Quittance-Congé, le Locataire pourrait encore éviter cette représentation en payant une seconde fois le même terme, sauf, dans la suite, sur la représentation des deux quittances, qu'il aurait en sa possession, à poursuivre le Propriétaire en restitution du terme payé de trop. Enfin, abstraction faite de ces différentes hypothèses que nous avons établies pour rendre plus frappans les vices du Congé-Quittance, nous pensons que, quand bien même la quittance contenant le Congé, qui est constamment un contrat bilatéral, comme nous nous l'avons déjà dit, serait représentée par le Locataire, le Tribunal qui aurait à statuer sur la validité de ce Congé ne manquerait pas de le proscrire dès que son exécution peut dépendre de la seule volonté de l'une des parties, circonstance qui détruit tout lien réciproque, ou plutôt qui l'empêche d'avoir jamais existé. Le Congé que nous signalons doit donc être regardé comme nul, et conséquemment son exécution considérée comme non susceptible d'être invoquée, soit de la part du Propriétaire, qui ne peut prouver ce Congé par un écrit régulier qui serait en sa possession, soit de la part du Locataire, qui n'est porteur que d'un écrit irrégulier comme Congé, quoique régulier comme quittance.

4. Quels sont les *délais* consacrés par l'usage, à Paris, pour

les *Congés ?* 1° Les Congés pour les appartemens ou les chambres de 400 francs de loyer par an et au-dessous doivent être donnés à six semaines ; 2° ceux pour les appartemens au-dessus de 400 francs, quel que soit le montant du prix du loyer, se donnent à trois mois; 3° les Congés pour les maisons entières, corps de logis entiers, boutiques ouvertes sur une rue ou sur un passage public, qu'on doit ici assimiler à une rue; ceux pour l'appartement d'un commissaire de police, d'un maître ou d'une maîtresse d'école, ce qui doit s'appliquer aux maîtres ou maîtresses de pension, doivent se donner à six mois, sans avoir égard au prix du loyer. Observez que les délais de six semaines, trois et six mois, doivent être entiers, et que le Congé serait nul s'il manquait un seul jour au délai. Ainsi les Congés de six semaines doivent être donnés, au plus tard, les 14 février, 14 mai, 14 août et 14 novembre; ceux de trois et six mois doivent être donnés les 31 mars, 30 juin, 30 septembre et 31 décembre. Le Congé ne peut jamais être donné que pour l'un des quatre termes de l'année que nous avons indiqués à la question 8, section première, du présent chapitre. Si le jour où le Congé doit être donné se trouvait être un dimanche ou autre jour férié légal, le Congé devrait être donné la veille, parce que les huissiers ne peuvent instrumenter les jours consacrés au repos. Voyez la question nomb. 14, chap. 2, section 1ʳᵉ, paragraphe 1ᵉʳ, où ces jours sont indiqués.

5. Pour déterminer le *montant de la location*, afin de reconnaître le délai du Congé, doit-on y ajouter le montant de l'impôt des portes et fenêtres, et les centimes pour franc pour la contribution aux salaires du Portier de la maison que paie le Locataire ? 1° A l'égard de la contribution des portes et fenêtres, c'est une charge personnelle du Locataire, et dès-là il n'y a pas lieu d'en ajouter le montant au prix du loyer pour fixer le délai du congé; 2° il en est autrement des 5 centimes pour franc que beaucoup de Propriétaires font ajouter au loyer pour contribuer aux salaires du Portier. Ces centimes additionnels, soit qu'ils soient perçus directement par le Propriétaire, soit qu'ils soient payés par le Locataire au Portier, sont toujours un supplément de loyer, supplément qui pourrait

faire la matière de poursuites de la part du Propriétaire contre
le Locataire, à défaut de paiement entre les mains du Propriétaire lui-même ou de son Portier, suivant qu'il a été convenu.
Le montant de cet accessoire doit donc, dans tous les cas,
être réuni au principal du loyer pour déterminer le délai du
Congé. Ainsi le Congé pour un logement de 590 francs, plus
les 5 centimes pour franc, qui seraient de 19 francs 50 centimes, total 409 francs 50 centimes, devrait être donné à trois
mois, et non à six semaines.

6. Mais si le Congé est donné par le Locataire, ne peut-il
pas trop facilement, pour réduire le délai du Congé, *nier le
paiement des 5 cent. au Portier*, étant libre de ne pas représenter les quittances de ces 5 cent., s'il s'en est fait donner ?
Cette difficulté peut avoir lieu, surtout si le Propriétaire n'a
fait aucune mention dans ses quittances des 5 cent. devant
être payés au Portier. Dans ce cas, on ne pourrait demander
au Locataire que son affirmation par serment sur la question
si, outre ses loyers, dont le montant est constaté par les quittances du Propriétaire, il n'était pas tenu à payer 5 cent. pour
franc au Portier. Cette difficulté ne pourrait avoir lieu si le
Propriétaire avait ajouté dans ses quittances, *sauf le paiement
des 5 cent. pour franc au Portier*, parce qu'elles prouveraient
suffisamment que le Locataire était obligé au paiement de
cet accessoire. En bonne règle, et pour éviter toute difficulté,
c'est au Propriétaire à recevoir par lui-même, ou par un Mandataire, le montant du loyer, en principal et centimes additionnels, sauf à payer à son Portier les appointemens qu'il lui
alloue.

6. Quelles sont les obligations du Locataire sortant, en ce qui
concerne la *visite de son appartement* qui est à louer ? La ré-
ception de ceux qui viennent visiter un appartement pour en
devenir Locataires est une charge qui pèse naturellement sur
le Locataire sortant, et qu'il doit supporter loyalement. Le
nombre d'heures pendant lesquelles chaque jour il doit souffrir
la visite n'est fixé par aucun usage, ce qui est assez étonnant ;
mais nous ne croyons pas qu'on doive en inférer que le Locataire soit tenu de recevoir tout le long du jour ceux qui dési-

rent prendre à location, parmi lesquels se mêlent d'ordinaire, à Paris, beaucoup de personnes désœuvrées, qui vont seulement pour voir. Nous pensons, au contraire, que le Locataire pourrait indiquer au Propriétaire un temps raisonnable où chaque jour il recevrait à visiter l'appartement. A Paris, l'espace de midi à deux heures, depuis le 1er octobre jusqu'au 31 mars, et de midi à trois heures, depuis le 1er avril jusqu'au 30 septembre, nous semblerait, en général, suffisant. Si l'un ou l'autre de ces espaces du jour, suivant la distinction que nous venons d'établir, qui serait proposée et indiquée par le Locataire, n'était pas jugé suffisant par le Propriétaire, et que celui-ci voulût avoir tout le jour ou un plus grand nombre d'heures, il aurait la ressource d'introduire un référé devant le président du Tribunal de première instance, où il ferait assigner le Locataire, pour être statué provisoirement, vu l'urgence, et sauf l'appel au Tribunal. Nous pensons que la proposition du Locataire, dans les termes que nous venons d'indiquer, pour la visite de l'appartement, serait accueillie, parce qu'elle serait trouvée raisonnable. Nous entendons que la visite ne pourrait avoir lieu que les jours ouvrables.

7. Le Locataire est-il obligé de *rendre l'appartement* au jour fixe de l'expiration du terme ? L'usage donne au Locataire qui déménage un délai de huit jours, s'il s'agit d'un logement ou appartement de 400 francs et au-dessous, et de quinze jours pour celui d'un loyer supérieur. La remise des clefs doit être faite le 8 ou le 15 du mois, suivant la distinction ci-dessus, et avant midi. A ce moment, l'appartement doit être rendu en bon état de réparations locatives, et nettoyé de toute ordure.

8. Quelles sont les réparations qu'on appelle *locatives*, et qui conséquemment sont à la charge du Locataire ? Ce sont les réparations que la loi appelle de *menu entretien* ; mais ces réparations s'étendent à tous les objets dépendans de la location, détruits ou endommagés par la faute, l'imprudence ou la négligence du Locataire ou des personnes à son service. Voici ce que les auteurs, la jurisprudence et le Code civil nous ensei-

gnent sur cette matière. D'après ces autorités, les réparations locatives sont celles à faire :

1° Aux *âtres* et *contre-cœurs de cheminées*, par la raison qu'elles n'ont pu être occasionées que par un trop grand feu, ou par l'action des bûches jetées sans précaution sur le feu. S'il y a des plaques de fonte pour servir de contre-cœurs, et qu'elles viennent à se casser, le Locataire en doit fournir d'autres.

2° Le *ramonage des cheminées*. Le Locataire doit avoir l'attention de faire nettoyer les cheminées lorsqu'il y a nécessité : car si le feu prenait à une cheminée faute d'avoir été ramonée, le Locataire serait tenu de tout le dommage causé par l'incendie qui aurait été la suite de sa négligence, à moins qu'il ne fût trouvé dans le tuyau quelque pièce de bois; dans ce cas, ce serait par le défaut de construction de la cheminée que l'incendie serait arrivé, et le Locataire n'en serait pas tenu. Remarquez que le ramonage des cheminées n'est au nombre des réparations locatives que dans ce sens que le Locataire n'y est obligé qu'en vue de son utilité et du danger de l'incendie. Aussi il n'est pas et n'a jamais été d'usage de vérifier, à sa sortie, si les cheminées ont besoin d'être ramonées, afin de l'obliger à les faire nettoyer en quittant l'appartement. Un Propriétaire ne serait donc pas reçu à élever cette prétention.

3° Si les *glaces* des cheminées ou des trumeaux viennent à être cassées, le Locataire doit en faire remettre d'autres de la même qualité que celles qui ont été cassées. Cependant s'il était justifié que le dommage est provenu du gonflement des plâtres, ou de ce que les bois des parquets se sont déjetés, ce serait le Propriétaire qui supporterait le dommage. Les *chambranles* et *tablettes* des cheminées, soit en marbre, en pierre, en plâtre, ou en bois, qui sont endommagés, doivent être réparés. Ces objets doivent être examinés avec soin par le Locataire lors de son entrée, et il ne doit pas manquer de faire constater à l'état de lieux les défectuosités qu'il y aura remarquées. Ce qui vient d'être dit s'applique aux *tables, buffets* et aux *cuvettes* de marbre qui peuvent dépendre de l'appartement.

4° Les *carreaux* soit de marbre, soit de pierre ou de terre cuite, qui manquent ou qui se trouvent cassés ou détachés dans les pièces de l'appartement, doivent être remis aux frais du Locataire ; mais si ces carreaux sont usés par vétusté, ou que l'humidité les ait fait pourir ou feuilleter, comme cela arrive souvent au rez de chaussée, le Locataire ne doit point être tenu de cette dégradation, puisqu'elle n'a pas eu lieu par sa faute. Dans les pièces carrelées de carreaux blancs et noirs, il y a des *plates-bandes* de pierre au pourtour des murs, lesquelles font partie du carreau. Si elles viennent à être cassées par la faute du Locataire, il doit sans difficulté les rétablir ; mais il en serait autrement si la dégradation provenait des charges de plâtre mises sur ces pierres en enduisant les murs contre lesquels elles sont posées, ou si elle avait été occasionée par quelques lambris placés avec effort, ou par quelque autre fait qui ne pût pas être imputé au Locataire : c'est ce qui doit être examiné. Le Locataire est tenu de réparer les *panneaux* ou *battans* du *parquet* qui se trouvent cassés ou enfoncés par violence.

5° Les *portes, croisées, volets, contre-vents, jalousies,* ce qui doit s'appliquer à celles appelées *persiennes,* les *chambranles* et *embrasemens, fermetures* de boutiques, *gonds, targettes* et autres pièces, *serrures,* les *lambris* d'appui ou à hauteur de plancher, les *cloisons, armoires* et toutes les menuiseries, doivent être réparés par le Locataire, lorsqu'ils sont endommagés, détruits ou cassés, soit qu'il les ait changés de place, ou qu'il ait en quelque autre manière donné lieu à la dégradation. Lorsque les *dessus de portes* et les autres *tableaux* ainsi que leurs *bordures* ou *ornemens* ont été endommagés au cours de la jouissance du Locataire, il doit les faire réparer, et s'ils sont tellement détériorés qu'on ne puisse pas les raccommoder, le Locataire doit les payer au Propriétaire suivant l'estimation. Il en serait de même s'il s'agissait d'ornemens de *sculpture* qui auraient été détruits par violence. Si le Locataire fait placer une *seconde serrure* à une *porte,* et qu'à cet effet il ait pratiqué des entailles pour la mettre en place, le Propriétaire pourra exiger qu'il soit remis une planche neuve à la place de celle à laquelle on aura travaillé, quand même on n'y aurait fait qu'un trou pour passer la clef. Pareillement, si le Locataire faisait une *chatière* à une porte, le Propriétaire pourrait l'obliger de remettre à la fin du Bail une planche entière à cette porte, à la place de celle qui aurait le trou. Les *balcons* et les *grilles* de fer auxquels il manque quelques enroulemens ou barreaux doivent être réparés par le Locataire. Il en est de même des *treillis* de fil de fer ou de laiton, lorsqu'ils se trouvent endommagés. Le Locataire doit remplacer les *vitres cassées*, à moins qu'elles ne l'aient été par la grêle ou autres accidens extraordinaires et de force majeure, dont le Locataire ne serait pas tenu. Le *nettoyage* des vitres est à la charge du Locataire. Les *sonnettes*, leurs ressorts, fil de fer, cordons cassés ou manquans, doivent être réparés ou remplacés par le Locataire.

6° Le *récrépiment* du bas des murailles des appartemens et autres lieux d'habitation, à la hauteur d'un mètre, est une réparation locative. Si les murs ou les cloisons étaient heurtés de manière à endommager le *papier de tapisserie*, le Locataire devrait réparer le dommage en faisant recoler ce qui serait détaché.

7° Dans les *cuisines et offices*, l'entretien des carreaux étant sur les fourneaux et ceux à l'intérieur qui reçoivent les cendres, et le scellement des réchauds, sont à la charge du Locataire. Il doit remplacer les réchauds et grilles cassés ou brûlés. Le Locataire doit réparer l'aire des fours, ainsi que la chapelle ou voûte intérieure qui est immédiatement soumise à l'action du feu. Si les pierres à laver la vaisselle viennent à être cassées ou écornées durant le Bail, c'est au Locataire à les réparer. Cependant si le dommage avait été l'effet de quelque fil qui se serait trouvé dans la pierre, la réparation concernerait le Propriétaire. Lorsqu'il y a un tuyau de plomb pour recevoir les eaux de la pierre à laver, avec une petite grille de plomb pour empêcher l'engorgement de ce tuyau, et que cette grille se trouve enfoncée ou rompue, le Locataire doit la rétablir, parce qu'on présume que c'est la charge qu'on lui a fait supporter qui a causé le dommage.

8° Le dégorgement des *tuyaux de descente* en plomb ou en grès est une réparation locative.

9° Si *l'escalier* est *carrelé* entre les bois, les carreaux qui se déplacent ou qui se cassent doivent être rétablis par le Locataire. S'il y a plusieurs Locataires dans la maison, et que celui qui a commis la dégradation soit connu, il doit la réparer. Si cette dégradation ne peut être attribuée à l'un d'eux, elle demeure à la charge du Propriétaire ou du Locataire principal, s'il y en a un : car ils ne seraient bien certainement pas fondés, dans ce cas, à poursuivre tous les Locataires et à les faire condamner, ni chacun pour sa part, ni, à plus forte raison, solidairement, au paiement du dégât, sauf recours entre eux. Ce serait une erreur que de vouloir argumenter ici de l'art. 1734 du Code civil concernant l'incendie. La même décision doit s'appliquer aux *dépendances des escaliers*, telles que les vitres des fenêtres qui les éclairent, les rampes, les écuyers posés le long des murs, les vases de cuivre, les lanternes, et même les marches de pierre des grands escaliers, lorsqu'il paraît qu'elles ont été cassées par quelque fardeau qu'on a laissé tomber dessus, et que cette dégradation n'a point eu lieu parce que les murs qui portent ces marches ont fléchi.

10° A l'égard des *écuries*, les trous pratiqués dans la maçonnerie des mangeoires des chevaux doivent être réparés par le Locataire. Si le devant d'une mangeoire se trouve rongé par les chevaux, il est obligé d'en faire remettre une autre, parce que le dommage est l'effet d'un vice des chevaux qui ont été mis dans l'écurie. Si les rateliers se trouvent endommagés ou détruits autrement que par vétusté, c'est aussi au Locataire à les réparer ou remplacer. Il en est de même des piliers et des barres qui servent à séparer les chevaux les uns des autres. Mais le Locataire n'est pas tenu de réparer les pavés des écuries qui se trouvent cassés, les écuries étant destinées à recevoir des chevaux, qui frappent du pied ; lorsqu'il s'y trouve des pavés cassés, on ne peut pas dire que ce soit par la faute du Locataire : c'est plutôt celle du paveur, qui a employé des pavés trop minces, ou qui a épargné le ciment. Or il ne serait pas juste que le Locataire répondît des faits d'un paveur qu'il n'a pas employé.

11° Les poulies des *puits* et des *greniers*, leurs chappes, ainsi que les mains de fer ou mardelles des puits, doivent être réparées par le Locataire : ce sont des meubles que le Propriétaire attache à sa maison ou aux dépendances de sa maison, pour l'usage de ses Locataires. Ainsi il est juste que ceux-ci soient chargés de les entretenir. Il faut en dire autant du piston, de la tringue de fer qui le fait mouvoir et du balancier des *pompes*.

12° Dans les *cours*, les statues, les auges de pierre, les bornes cassées ou endommagées, les barrières de charpente aussi cassées ou endommagées, doivent être remplacées ou réparées par le Locataire.

13° Lorsqu'un *jardin* ou *parterre* dépend de la location, le Locataire doit entretenir les treillages, palissades, les allées, bordures, gazons, arbres, arbustes; il répond des statues, vases, pots, bancs, chaises, caisses, cassés ou endommagés. A l'égard des treillages et portiques de treillages, le Locataire n'est chargé que de ce qui peut s'y trouver cassé par violence, et non du dommage causé par les vents ou par la vétusté. S'il y a des bassins ou jets d'eau, le Locataire est tenu au dégorgement des conduits ou tuyaux et à l'entretien des robinets. Il doit tenir les bassins et les tuyaux déchargés pendant les gelées, si cela lui est possible, parce que, s'ils étaient détériorés par les glaces, il serait tenu du dommage.

Observations générales. — 1° Aucune des réparations réputées locatives n'est à la charge des Locataires quand elles ne sont occasionées que par *vétusté* ou *force majeure*. Le Propriétaire doit remplacer immédiatement les objets détruits par vétusté ou force majeure. 2° Quoique, à la rigueur, le Propriétaire ne puisse exiger que les réparations locatives soient faites avant la fin du Bail, lors de la *sortie du Locataire*, il peut néanmoins contraindre celui-ci à les faire *de suite*, si le retard qui y serait mis pouvait être capable d'occasioner du dommage à la maison, dommage qui d'ailleurs tomberait, dans ce cas, à la charge du Locataire. Cependant, en cas de résistance de la part du Locataire, le Propriétaire pourrait obtenir contre lui, en la justice de paix, un jugement par lequel il serait autorisé à faire faire lui-même ces réparations, aux frais du Locataire. 3° Dans tous les cas, le Locataire n'est pas tenu à remettre les choses en *meilleur état* qu'elles n'étaient : il n'est obligé qu'à les rendre dans le même état qu'il les a reçues, sauf toujours la détérioration résultante de la vétusté. 4° Il y a *force majeure* dans les accidens résultans de l'intempérie de l'air, et que peuvent occasioner le feu du ciel, la grêle, une inondation et tout événement qu'il n'a pas été au pouvoir du Locataire de prévenir ou d'empêcher. On met dans la classe des choses de force majeure les vols de nuit ou qui ont lieu avec effraction pendant le jour. Dans tous les cas, le Locataire doit justifier qu'on ne peut lui imputer aucune négligence ni défaut de précaution. L'usage est de faire constater l'événement de force majeure immédiatement par un commissaire de police, qui dresse procès verbal des déclarations qui lui sont faites par le Locataire, qui doit, en outre, en prévenir le Propriétaire, pour le mettre à même de vérifier les faits. C'est au moyen de ces précautions que le Locataire peut parvenir à se faire décharger de réparer ou remplacer les objets qui ont été détériorés ou qui ont été brisés ou enlevés.

Modèle d'un Congé.

Les Soussignés se donnent réciproquement congé de l'appartement et ses accessoires, que Mr B. occupe à titre de location, dépendant d'une maison à ...., rue ...., n° ...., appartenante à Mr A., pour le terme de .... prochain.

Fait double, ce ......, le ...... mil huit cent ......

(Signatures du Propriétaire et du Locataire.)

Modèle d'un État de Lieux.

État des lieux d'un appartement au .... (*étage*) sur le devant (*ou*) le derrière, dépendant d'une maison sise à ...., rue ...., n° ....., appartenante à Mr A., ledit appartement loué à M. B., à commencer du terme de ......

Cet État a été fait entre les susdénommés, soussignés, ainsi qu'il suit :

Entrée de l'appartement.

1° La porte d'entrée donnant sur l'escalier est ornée d'un

double chambranle. Le battant de cette porte est en bois de .....
à panneaux, monté sur deux fiches à ......, garni d'une serrure
à deux tours, clef, gache, vis et entrée, en bon état, sauf
qu'on ne peut obtenir de la serrure *qu'un tour de clef*, quoiqu'elle soit à deux tours.

Au-dessus de l'entrée de la serrure, à six centimètres de
distance, on voit l'empreinte de l'entrée d'une seconde serrure ; au milieu est un trou qui avait été pratiqué pour le passage de la clef, lequel est *rempli par un petit morceau de
bois*. Cette seconde serrure et ses accessoires ne sont plus en
place.

Antichambre.

2° L'antichambre est carrelé en pierres de liais blanches et
noires, d'un même échantillon, disposées en damier, en bon
état ; seulement, deux des carreaux blancs *remuent sous les
pieds*, et trois des noirs sont cassés, mais ceux-ci ont été réa-
justés et tiennent en place.

Le plafond est simple et sans ornement ; vers le milieu est
un espace à peu près rond d'environ huit décimètres de dia-
mètre, ou le *plafonage est détruit*, ce qui paraît être l'effet
d'un coup assez violent qu'aurait reçu ce plafond à l'endroit
où se trouve la dégradation.

Le pourtour est lambrissé à hauteur d'appui, et le surplus
revêtu d'un papier fond olive, orné de ses bordures, en bon
état.

Dans le mur à gauche est un enfoncement où est un poêle
en ......, de forme ......, garni de sa porte de tôle, de deux
bouches, dont les garnitures et fermoirs sont en cuivre, le
tuyau et la flamme dont il est surmonté sont de .... En de-
dans de ce poêle est un petit chenet destiné à supporter le bois
à brûler.

Cette pièce est éclairée par une fenêtre dont le chassis en
bois est rempli par six grands carreaux de verre blanc nouvel-
lement nettoyés ; la ferrure consiste dans six fiches à broches,
et une espagnolette avec toutes ses pièces. A l'embrasure, en
dehors de cette fenêtre, est une jalousie peinte en gris foncé,
en bon état, sauf qu'un des *feuillets se trouve cassé* par le

bout à droite, à l'endroit du passage de la corde par laquelle on fait mouvoir cette jalousie. Au-devant de la même fenêtre il y a un balcon de fer à double chassis et enroulement, bien assujetti en place.

Salon de compagnie.

3° La porte qui communique de l'antichambre au salon de compagnie, etc., etc.

Ce salon est carrelé, etc.

Le plafond est, etc.

Le pourtour est, etc. Dans le mur, à droite de la cheminée, il y a un placard à l'affleurement du mur ; ce placard est à deux battans, qui sont recouverts par le papier de la tapisserie ; ils sont soutenus par quatre fiches, et ferrés d'une petite serrure ayant sa clef, sa gâche et leurs vis, et d'un piton ; ledit placard est garni de cinq planches en bois blanc soutenues par des tasseaux ; à la planche du milieu est un crochet de fer passant dans le piton.

La cheminée est ornée de ses chambranle et tablette en marbre gris, garnie à droite et à gauche à l'intérieur de deux croissans en fer, et à l'âtre, d'une plaque en fonte, le tout en bon état, sauf que le marbre de la tablette est *fendu* verticalement vers le milieu, ce qui ne s'aperçoit qu'en l'examinant attentivement. Sur cette cheminée est une glace reposant sur la tablette, encadrée d'une bordure cannelée en bois doré, et assujettie des deux côtés par quatre patefiches en fer doré ; cette glace a ...... de hauteur sur ...... de largeur, non compris ce qui est couvert par la bordure.

Nota. *On passe successivement dans les autres pièces de l'appartement pour en décrire l'état.*

Cuisine.

7° La porte qui communique de ...... à la cuisine est, etc.

Le chambranle de la cheminée est en pierres de ...... ; l'âtre est une plaque en fonte. Le foyer est pavé en briques. (*Décrire ainsi les fourneaux , pierre à laver, etc., en mention-*

nant les défectuosités qui peuvent s'y rencontrer, et les pièces manquantes.)

Le carrelage de ladite cuisine est, etc. (*Décrire enfin le plafond, le pourtour, les placards, planches, les fenêtres, etc.*)

Cave.

8° La porte particulière de l'entrée d'un berceau de cave, portant le n° ......, faisant partie de la location, est fermée par un vieux battant de bois à panneaux ferré de deux pentures, et roulant sur gonds à repos, scellés dans le mur; le tout est garni d'une serrure à deux tours, sa clef, gache et vis, mais sans entrée en fer; ces objets sont en état de servir.

Remise des clefs au Locataire.

Les clefs des pièces ci-dessus décrites ont été présentement remises à Mr B., Locataire, qui le reconnaît : il y en a deux pour la porte d'entrée de l'appartement donnant sur l'escalier.

Clôture. — Réparations.

Le présent état de lieux est et demeure clos et arrêté, à la charge, par Mr A., Propriétaire, de faire les réparations nécessaires ci-dessus indiqués, savoir : à la serrure, au pavage, au plafonnage et à la jalousie, des pièces décrites sous les n°^s 1er et 2, dans le plus bref délai.

Fait double, à ...., le ....

(*Signatures du Propriétaire et du Locataire sur chaque exemplaire.*)

*Modèle de Reconnaissance pour les réparations loca-
tives, qui doit être en suite de l'exemplaire de l'état de
lieux étant entre les mains du Propriétaire.*

Je soussigné, Locataire dénommé à l'état de lieux qui précède, reconnais que Mr A., Propriétaire, a fait faire les réparations à la serrure, au pavage, au plafonnage et à la jalousie,
mentionnées à la clôture dudit état comme nécessaires. Ainsi,
l'appartement que j'occupe se trouve être en bon état de location.

Fait à . . . ., le . . . .

(*Signature du Locataire.*)

ADDITIONS ET CORRECTIONS ESSENTIELLES.

Page 49, *à la suite du nomb.* 23, AJOUTEZ : Néanmoins lorsque la Lettre
porte que le Tiré en aura avis, le Tireur doit lui donner cet avis, parce que
le Tiré pourrait refuser de faire honneur à la Lettre à défaut d'avoir reçu
l'avis annoncé.

Page 57, *lig.* 7, *après* : au paiement? AJOUTEZ : pour remplir ces mesures.
Même lig., au lieu de : devra, LISEZ : a dû. *Même page, lig.* 9, *au lieu de* :
présentera, LISEZ, a présenté.

Pag. 62, *lig.* 28, *au lieu de* : Négociante, LISEZ : Non-Négociante.

TABLE DES MATIÈRES.

FIN DE LA TABLE DES MATIÈRES.

www.ingramcontent.com/pod-product-compliance
Lightning Source LLC
LaVergne TN
LVHW021832170726
843503LV00003B/925